Valor da Empresa e Estrutura de Capital

Estudo em Condições de Assimetria Informal e Conflitos de Interesse no Mercado Brasileiro

Lucas Ayres B. de C. Barros

SAINT PAUL INSTITUTE OF FINANCE

SAINT PAUL EDITORA

1ª Edição — 2005

SAINT PAUL EDITORA LTDA.

Rua Arizona, 685 – Brooklin – São Paulo-SP – CEP 04567-002

www.spif.com.br — editora@spif.com.br

Saint Paul Editora é uma empresa do Grupo Saint Paul Institute of Finance

Valor da Empresa e Estrutura de Capital

Estudo em Condições de Assimetria Informal e Conflitos de Interesse no Mercado Brasileiro

Lucas Ayres B. de C. Barros

SAINT PAUL
EDITORA

Coordenação Editorial: José Cláudio Securato

Revisão: Roney Giometti

ISBN:85-98838-09-8

Impresso no Brasil / Printed in Brazil.
Depósito legal na Biblioteca Nacional conforme Decreto n° 1.825, de 20 de dezembro de 1907.

Dados Internacionais de Catalogação na Publicação (CIP)
(Câmara Brasileira do Livro, SP, Brasil)

Barros, Lucas Ayres
Valor da empresa e estrutura de capital :
estudo em condições de assimetria no mercado
brasileiro / Lucas Ayres Barros. -- São Paulo: Saint Paul Editora, 2005

1. Capital - Estrutura 2. Empresas - Valor de mercado I . Título.

05-1595 CDD-658.152

Índice para catálogo sistemático:

1. Valor da empresa e estrutura de capital :
Finanças e negócios : Administração de
empresas 658.152

AGRADECIMENTOS

Aos meus familiares e à Gabi, pelo apoio incondicional;

Aos professores do Departamento de Administração da Faculdade de Economia, Administração e Contabilidade da Universidade de São Paulo (FEA-USP) e colegas de pós-graduação com quem tive o prazer e a honra de conviver durante o programa do Mestrado e com quem muito aprendi;

Ao Prof. Dr. José Roberto Securato, pelo estímulo e pelas inúmeras oportunidades de aprendizado proporcionadas;

Ao Prof. Dr. Rubens Famá, pela orientação paciente e solícita e pelas contribuições valiosas para o trabalho.

Ao Prof. Dr. Cléber Pinheiro de Aquino

Apresentação

Este texto origina-se da dissertação de mestrado defendida por Lucas Ayres B. de C. Barros, sob a orientação do Prof. Dr. Rubens Famá no Departamento de Administração da Faculdade de Economia, Administração e Contabilidade (FEA) da Universidade de São Paulo (USP), em 2001, como requisito parcial para a obtenção do título de Mestre em Administração.

Este livro, *Valor da Empresa e Estrutura de Capital*, investiga a relação entre a estrutura de capital e o valor de uma empresa exposta a dois fenômenos. O primeiro é a assimetria de informações entre indivíduos de dentro e de fora da organização, notadamente entre seus administradores e acionistas externos. O segundo é o conflito de interesses entre as referidas partes, no contexto da "Teoria de Agência".

A banca examinadora, composta pelo Prof. Dr. Rubens Famá (orientador), pelo Prof. Dr. José Roberto Securato e pelo Prof. Dr. Luiz Nelson Guedes de Carvalho, avaliou extremamente bem o trabalho do Prof. Lucas Ayres B. de C. Barros, motivo pelo qual dividimos a sua contribuição por meio deste livro.

O Editor

PREFÁCIO

É com muita satisfação e alegria que apresento o livro *Valor da Empresa e Estrutura de Capital: Estudo em Condições de Assimetria Informacional e Conflitos de Interesse no Mercado Brasileiro*, de autoria de Lucas Ayres B. de C. Barros.

Recentemente, chegaram ao Departamento de Administração da Faculdade de Economia, Administração e Contabilidade da Universidade de São Paulo, vindos do Ceará, alguns acadêmicos para cursarem a Pós-Graduação em Administração.

Vindo dessa novíssima geração, desponta Lucas Ayres B. de C. Barros, que me concedeu a honra de prefaciar essa sua obra de estréia no meio editorial especializado.

Conheci o talento e a dedicação do Lucas Barros durante a obtenção de seus créditos para a titulação de Mestre e de Doutor em Administração, momentos em que tive o prazer da convivência como orientador na busca de ambas as titulações. Nessas ocasiões pude me certificar do esforço, empenho e dedicação do Lucas Barros, que lhe valeram elogios de professores e colegas que com ele conviveram.

Fruto da dissertação com que obteve o título de Mestre em Administração trata-se, o presente livro, de obra de fôlego escrita com notório conhecimento e erudição. Após cumprir as formalidades exigidas de uma dissertação de mestrado, o estudo apresenta interessante discussão entre aqueles que defendem a irrelevância da estrutura de capital para o valor da empresa e aqueles que a contraditam, oferecendo extensa revisão bibliográfica demonstrando profunda erudição do autor.

Em seguida, na parte central do trabalho, são expostos os alicerces teóricos do estudo e é apresentada a metodologia de pesquisa, culminado, no capítulo seguinte, com adequada análise dos resultados obtidos, enfocando a problemática da estrutura de financiamento na presença de informações assimétricas e conflitos de interesse.

A controvérsia sobre a estrutura de capital é tema de grande relevância em Finanças Corporativas e é tratada no presente estudo com uma abordagem econométrica cuidadosa e robusta.

Agradecendo ao autor a distinção de apadrinhar a obra, aguardo ao mesmo tempo ansioso e entusiasmado pela publicação da tese de Doutorado que em breve deverá ocorrer.

São Paulo, Junho de 2005.

Rubens Famá

Prof. Dr. do Departamento de Administração da FEA-USP
e Professor Titular da Pós-Graduação da FEA-PUC de São Paulo

Resumo

O trabalho investiga a relação entre a estrutura de capital e o valor de uma empresa exposta a dois fenômenos. O primeiro é a assimetria de informações entre indivíduos de dentro e de fora da organização, notadamente entre seus administradores e acionistas externos. O segundo é o conflito de interesses entre as referidas partes, no contexto da Teoria de Agência.

Stulz (1990) incorpora os conceitos de assimetria de informações e conflitos de interesses num modelo analítico que prevê um relacionamento ora negativo, ora positivo entre o valor de mercado e o nível de endividamento relativo da empresa. Tal comportamento é justificado, no modelo, pela influência que exerce a estrutura de capital sobre dois problemas potencialmente relevantes, quais sejam: um eventual investimento excessivo, ou superinvestimento, e um nível de investimento subótimo, ou subinvestimento. Ambos os problemas reduzem o valor da empresa e podem, argumenta-se, ser mitigados através de uma adequada combinação de diferentes fontes de financiamento.

A partir das proposições expostas acima, realizou-se um teste empírico com dados de empresas brasileiras negociadas publicamente nas bolsas de valores entre os anos de 1995 e 2000. Os resultados são coerentes com as proposições de Stulz (1990) e confirmam a relevância da estrutura de financiamentos para a determinação do valor da empresa.

ABSTRACT

This study investigates the relation between capital structure and the value of a firm exposed to two phenomena. The first is the informational asymmetry between inside and outside participants of the organization, specifically between managers and outside shareholders. The second is the conflict of interests between managers and outside shareholders in the context of Agency Theory.

Stulz (1990) incorporates the concepts of informational asymmetry and conflicting interests in an analytic model that implies a sometimes negative and sometimes positive relation between the firm's market value and its relative level of debt. Such behavior is justified, in the model, by the influence exerted by capital structure over two potentially important problems, namely, the excessive investment, or overinvestment problem, and the sub-optimal investment, or underinvestment problem. Both problems reduce the value of the firm but can, as it is argued, be mitigated through an appropriate combination of different financing sources.

An empirical test is performed, based on the above mentioned propositions, with Brazilian data, encompassing public firms traded within the country's major stock exchanges from years 1995 to 2000. The results are coherent with Stulz's (1990) propositions and confirm the relevance of financing structure in determining firm value.

Sumário

1

O Problema de Pesquisa

SAINT PAUL
INSTITUTE
OF FINANCE

1. Introdução e Formulação da Situação-Problema

Compreender a relação entre o valor de mercado de uma empresa e a forma pela qual ela financia seus ativos é um dos desafios mais complexos colocados para os estudiosos de finanças. Dentre outros fatores, a complexidade do tema decorre da natureza indireta do relacionamento entre valor de mercado e forma de financiamento dos ativos, bem como da multiplicidade de abordagens possíveis para estudá-lo.

O vínculo entre o valor de mercado de uma empresa e seus ativos, tangíveis ou intangíveis, por exemplo, patentes ou tecnologia do processo produtivo, pode ser estabelecido de forma direta, uma vez que eles afetam o desempenho atual e as expectativas quanto ao desempenho futuro do negócio. Por outro lado, a maneira como o empreendimento é financiado, isto é, em termos genéricos, a proporção de capital de terceiros em relação ao capital próprio na composição das obrigações da empresa, apresenta uma ligação pouco clara com seu valor. De fato, a primeira pergunta a fazer é se existe *qualquer* relação entre valor e estrutura de capital. No caso de uma resposta positiva, poder-se-ia questionar a natureza desta relação e sua direção específica.

Na tentativa de responder às questões colocadas acima, uma vasta literatura vem sendo produzida no campo das finanças, notadamente em seguida ao trabalho divisor de águas sobre o tema, lançado por Modigliani & Miller (M&M) em 1958. Nele, os autores propunham que, sob certas condições, o nível de alavancagem[1] das firmas seria irrelevante para seu valor. Em outras palavras, a empresa deveria permanecer na mesma posição quer mantivesse uma estrutura de alto endividamento, quer uma de baixo endividamento relativo. Desde o lançamento de seu trabalho pioneiro, as proposições de M&M têm sido objeto de amplos debates acadêmicos, contribuindo para o aumento do interesse sobre o tema.

Os trabalhos empíricos e teóricos que se seguiram ao artigo original de M&M abordaram o assunto a partir de diversos ângulos diferentes e suas conclusões e proposições mostram-se um tanto heterogêneas. Alguns confirmam, em termos aproximados, a hipótese de indiferença da estrutura de capital. Outros a rejeitam com maior ou menor vigor. Dentre os que rejeitam a hipótese de indiferença, também não há consenso sobre a direção específica da relação entre estrutura de capital e valor da empresa.

[1] O termo "alavancagem" deve ser entendido, neste trabalho, como a "alavancagem financeira" decorrente da existência de uma despesa fixa, neste caso os juros cobrados da empresa como serviço periódico de suas dívidas. Portanto, um aumento da "alavancagem" estará geralmente associado a um aumento do endividamento da empresa.

Harris & Raviv (1991) apresentam um levantamento das principais correntes teóricas surgidas e das evidências empíricas produzidas sobre o tema, propiciando um panorama de sua diversidade. Os autores relacionam os trabalhos mais relevantes em quatro grandes categorias. A primeira lista as proposições baseadas nos chamados "custos de agência". A segunda traz os estudos inspirados no conceito de "assimetria de informações" entre os agentes econômicos internos e externos às organizações, utilizando a idéia de "sinalização". A terceira grande categoria relaciona os modelos baseados nas interações entre os "mercados de insumo/produto", abordando a escolha da estrutura de capital da empresa como parte de sua estratégia mercadológica ou em função das características de seus produtos/insumos. Por fim, os autores consideram as teorias relacionadas ao "controle corporativo" das empresas, envolvendo as implicações sobre a estrutura de capital dos direitos de voto e da possibilidade de *takeover* hostil.

Dentre todas as correntes de pesquisa nesta área, uma das mais prolíficas aborda a questão da estrutura de capital pelo ângulo dos "custos de agência" (*agency costs*), originados dos conflitos de interesses entre as diferentes partes interessadas na empresa (relações de agência). O trabalho seminal sobre as relações de agência foi publicado por Jensen & Meckling em 1976, inaugurando uma das mais importantes linhas de pesquisa em finanças até os dias atuais.

Jensen & Meckling (1976) desenvolveram todo um corpo teórico, posteriormente expandido por outros autores, tratando das naturais discrepâncias entre os interesses de acionistas, credores e funcionários de uma empresa (apenas para citar as principais partes envolvidas). O raciocínio proposto constrói-se sobre as relações entre "agentes" e "principais", nas quais os primeiros representam, em tese, os interesses dos últimos. É o caso, por exemplo, do acionista (o principal, neste caso) e do administrador (agente) de uma organização. Naturalmente, quando o mesmo indivíduo acumula ambos os papéis não há conflitos de interesses possíveis. No entanto, custos de agência costumam surgir na medida em que propriedade e controle separam-se[2]. Os referidos custos são descritos pelos autores a partir de três vertentes: despesas de monitoramento arcadas pelo principal, com vistas a vigiar as ações dos agentes; gastos promovidos pelo próprio agente no sentido de assegurar ao principal que seus atos não serão prejudiciais ao mesmo; e perdas residuais, decorrentes da diminuição da criação de riquezas motivada pelas referidas divergências.

[2] Para uma discussão detalhada do significado de propriedade e controle e das implicações das diferentes estruturas organizacionais ver Fama & Jensen (1983a, 1983b) e o trabalho pioneiro de Berle & Means (1932).

As implicações da teoria de agência para a compreensão do problema da estrutura de capital de uma firma têm sido exploradas, direta ou indiretamente, numa gama de pesquisas desde o trabalho de Jensen & Meckling (1976). Numa delas, publicada por Jensen (1986), argumenta-se que, quando uma empresa possui uma quantidade de caixa gerado internamente maior do que o volume de oportunidades de investimentos com valor presente líquido (VPL) positivo disponível, a presença de dívida em sua estrutura de capital força os administradores a distribuir fundos, os quais, na ausência do endividamento, poderiam ser aplicados em projetos com VPL negativo. Como se sabe, o VPL de um investimento representa o valor presente dos fluxos de caixa futuros por ele gerados menos o valor presente dos custos decorrentes de sua implementação, como exemplifica a expressão (1.1)

$$VPL = -C_0 + \frac{FC_1}{(1+i)} + \frac{FC_2}{(1+i)^2} + \ldots + \frac{FC_n}{(1+i)^n} \qquad (1.1)$$

onde C_0 é o custo do investimento, supondo um caso simplificado no qual todo o desembolso é realizado no momento zero, FC_1 é o fluxo de caixa gerado pela aplicação no momento um, FC_n corresponde àquele produzido no momento n e i representa o custo de oportunidade do capital investido. Assim, projetos com VPL positivo agregam valor, ao passo que projetos com VPL negativo destroem valor e prejudicam o investidor.

A argumentação de Jensen (1986) tem por base a idéia de que o administrador, em empresas cuja propriedade e controle estão separados, preferirá sempre aumentar o tamanho da firma e, portanto, de seus privilégios e benefícios pessoais, mesmo à custa de alguma destruição da riqueza do acionista. Presencia-se, neste caso, uma das conseqüências mais notórias observadas empiricamente do mencionado conflito entre principal e agente. A questão apontada por Jensen (1986) é conhecida como o problema do "superinvestimento" (*overinvestment*) e é de interesse direto para esta pesquisa. Outros importantes trabalhos nesta linha de pesquisa são creditados a Lang, Ofek & Stulz (1996) e Harris & Raviv (1990).

Outro trabalho de interesse foi conduzido por Myers (1977). Nele, o autor mostra que a presença de dívidas induz os administradores, agindo em prol dos interesses dos acionistas, a deixar de implementar certos investimentos com VPL positivo, em razão do conflito de interesses entre acionistas e credores. Cria-se, desta forma, menos riqueza do que o que seria possível. A este fenômeno poder-se-ia chamar de problema do "subinvestimento" (*underinvestment*), tanto maior quanto maiores forem as "oportunidades de crescimento" da empresa. Além dos conflitos de interesse, a assimetria de informações entre gestores e investidores externos da empresa pode motivar o subinvestimento, como argumentam Myers e Majluf (1984).

As idéias de sub e superinvestimento foram sintetizadas por Stulz (1990) num modelo analiticamente mais completo do que os anteriores, utilizando as teorias de agência e de assimetria de informações. A partir dele, o autor estabelece as condições nas quais um ou outro fenômeno tende a acontecer, daí derivando um nível ótimo de alavancagem.

Os trabalhos acima referidos inspiraram McConnell & Servaes a publicar, em 1995, uma pesquisa na qual testavam empiricamente, para as empresas de capital aberto norte-americanas, a existência de uma relação significativa entre as variáveis "valor da firma" e "alavancagem", no contexto das relações de agência e assimetria de informações previstas pela teoria. Os autores pretendiam, por um lado, verificar se a estrutura de financiamentos da empresa era relevante na percepção de seu valor pelo mercado. Testariam, assim, a hipótese de indiferença de M&M. Por outro lado, se verificada uma relação significativa entre valor e estrutura de capital, o objetivo passava a ser identificar a direção específica de tal relação, com base no modelo teórico.

Os autores basearam-se nos trabalhos anteriormente mencionados e, especialmente, em Stulz (1990), para propor, como hipótese, que deveria haver uma associação positiva entre nível de alavancagem e valor da empresa para aquelas firmas com poucas oportunidades de investimentos com valor presente líquido (VPL) positivo disponíveis. Para estas organizações com "baixas oportunidades de crescimento rentável", um alto nível de endividamento relativo exerceria um efeito disciplinador sobre a gerência da empresa, impedindo-a de gastar mal o caixa excedente, e seria visto de forma positiva pelos investidores, refletindo-se num maior valor de mercado.

Para empresas com muitas oportunidades com VPL positivo disponíveis, o efeito contrário deveria acontecer. Neste caso, um endividamento alto tolheria as possibilidades da administração de aplicar nas diversas oportunidades rentáveis disponíveis. Uma limitação desta natureza seria vista pelos investidores como um fator negativo, depreciando o valor da empresa.

Na forma como é aqui entendido, o volume de oportunidades de investimento com VPL positivo disponível para qualquer empresa depende das perspectivas do seu negócio, resultantes das características intrínsecas a sua atividade e do ambiente econômico geral em que se insere o empreendimento. Tais oportunidades não dependem, portanto, de elementos internos da gestão da empresa, a exemplo de sua estrutura de financiamentos.

Desenvolvendo um estudo econométrico, McConnell & Servaes (1995) encontraram nos dados evidências que confirmam suas suposições acerca da influência da estrutura de capital sobre o valor das firmas, bem como as hipóteses sobre sua direção. Outros estudos empíricos em anos recentes tenderam a confirmar, pelo menos com base em dados norte-americanos, a existência de algum impacto da estrutura de capital sobre o valor das empresas. Não obstante, a forma específica deste impacto e suas causas ainda são tema de extensas controvérsias.

O foco e a questão de interesse deste trabalho encontram-se na verificação empírica da relevância ou não da estrutura de capital para a determinação do valor de mercado de uma empresa genérica não financeira, de capital aberto, negociada publicamente no mercado brasileiro e exposta aos efeitos das relações de agência e assimetria de informações. Adicionalmente, pretende-se testar hipóteses específicas sobre a direção da relação entre valor e estrutura de capital das organizações estudadas, no contexto das teorias consideradas. O desenvolvimento da pesquisa segue os moldes propostos por McConnell & Servaes (1995) e, portanto, verifica as hipóteses comentadas nos parágrafos anteriores, as quais serão detalhadas mais adiante.

2. Objetivos

Esta pesquisa se propõe a verificar a existência e o sentido da relação entre valor da empresa e sua estrutura de capital para o mercado brasileiro, considerando as organizações expostas a conflitos de interesse e assimetria de informações. Como objetivos específicos, pode-se arrolar:

- levantar as principais correntes teóricas e evidências empíricas relacionadas ao tema;
- verificar estatisticamente se existe uma relação significativa entre nível de alavancagem e valor de mercado para as empresas componentes das amostras analisadas;
- em caso afirmativo, verificar estatisticamente se tal relação é positiva, portanto diretamente proporcional, para as empresas com poucas oportunidades

de investimentos com VPL positivo e negativa, portanto inversamente proporcional, para as empresas com muitas oportunidades de investimentos com VPL positivo;

3. Justificativa do Trabalho

A questão da relevância das decisões de financiamento da empresa permanece como um assunto polêmico em finanças. A profusão de trabalhos sobre o tema a partir de abordagens um tanto distintas constitui-se, por si só, num indicador do quão distante a ciência está de um consenso ou de uma aceitação ampla de qualquer proposição específica. Novas teorias continuam surgindo hoje, a exemplo da proposta por Leland (1998), cujo modelo determina o nível de endividamento ótimo a partir da interação entre estratégias de gerenciamento de risco (*hedging*), custos de agência das dívidas, probabilidade de falência associada à alavancagem e o benefício fiscal por ela proporcionado.

A importância de investigações desta natureza acentua-se no contexto do crescimento dos mercados financeiros brasileiros. Diversos autores, a exemplo de Assaf Neto (1999), dividem esquematicamente estes mercados em: mercado monetário, mercado de crédito, mercado de capitais e mercado cambial. A estas categorias poder-se-ia também acrescentar o mercado de derivativos, cujo volume de negócios tem experimentado continuada expansão ao longo dos anos.

O interesse da pesquisa concentra-se, basicamente, em dois dentre os grupos mencionados. Por ordem crescente de importância para o trabalho, aparece, em primeiro lugar, o mercado de crédito, voltado para o suprimento das necessidades de caixa de curto e médio prazos dos agentes econômicos. Dentre os instrumentos oferecidos neste mercado figuram as operações de *hot money*, o desconto bancário de títulos e os adiantamentos de contrato de câmbio. O segundo é o mercado de capitais, orientado para financiamentos de médio e longo prazos vinculados à atividade produtiva das empresas. Este é o segmento de relevância fundamental nas discussões teóricas a respeito da estrutura de financiamentos da firma, pois envolve as decisões de maior impacto sobre seu negócio.

Os instrumentos principais do mercado de capitais são os títulos emitidos pelas empresas para captação dos recursos, preferencialmente com prazo de vencimento longo, aplicados na estruturação de sua atividade empresarial. Em outras palavras, é dele que provém, idealmente, o dinheiro utilizado no processo de tomada das grandes decisões de investimento. Neste mercado, as empresas podem contrair dívidas por meio da emissão de *commercial papers* ou da venda pública ou privada de debêntures, por exemplo. Os recursos próprios, por sua vez, são captados pela emissão, também pública ou privada, de ações[3]. Há, ainda, a possibilidade de contração de empréstimos de longo prazo, oferecidos, quase em sua totalidade, por bancos de desenvolvimento, notadamente o Banco Nacional de Desenvolvimento Econômico e Social (BNDES).

A importância para o desenvolvimento econômico de um mercado de capitais forte não deve ser subestimada. Neste aspecto, o Brasil ainda se encontra bastante atrasado em relação aos países mais ricos, a despeito do crescimento recente. Considerando o exposto, os esforços voltados para uma compreensão melhor do tema da estrutura de capital podem, espera-se, contribuir para a superação deste entrave ao desenvolvimento nacional e são, portanto, bem-vindos.

Do ponto de vista teórico, algumas das dificuldades relacionadas à investigação da estrutura de capital das empresas foram analisadas por Myers (1984) num trabalho intitulado *The Capital Structure Puzzle* e muitas das questões lá levantadas permanecem em aberto até os dias atuais. Neste contexto, evidências empíricas que auxiliem a confirmar ou descartar proposições concorrentes desempenham importante papel para o avanço do conhecimento. No Brasil, em particular, as evidências produzidas nesta área são ainda escassas e inconclusivas, justificando a continuação das pesquisas.

4. Delimitação

São objeto da pesquisa as empresas não financeiras com ações negociadas na Bolsa de Valores de São Paulo e na Sociedade Operadora do Mercado de Ativos (Soma) nos anos de 1995 a 2000. Deste universo, excluem-se as empresas menos líquidas em cada período. O conceito de liquidez adotado e o critério específico para a definição das amostras serão detalhados na no Capítulo 3, item 4.

5. Hipóteses de Pesquisa

Relacionam-se, abaixo, as seguintes hipóteses principais:

Hipótese Nula: Não existe relação significativa entre a alavancagem e o valor da empresa.

---

[3] As atenções deste trabalho dirigem-se para as sociedades anônimas, as únicas que podem emitir ações e debêntures, por exemplo. Não obstante, a lógica essencial do problema é válida, na maior parte dos casos, para qualquer tipo de organização empresarial.

Hipótese Alternativa 1: Existe relação significativa entre a alavancagem e o valor da empresa e:

a) tal relação é positiva, ou diretamente proporcional, para as empresas com poucas oportunidades de investimentos com VPL positivo;

b) a relação é negativa, ou inversamente proporcional, para as empresas com muitas oportunidades de investimentos com VPL positivo.

Hipótese Alternativa 2: Existe relação significativa entre a alavancagem e o valor da empresa, porém não se verificam as relações previstas em a) e b) acima.

2

Fundamentação Teórica

1. Introdução

Os recursos captados pela empresa para financiar seus investimentos podem ser enquadrados em diferentes categorias. Cada uma delas pode ser caracterizada, num primeiro momento, em função dos diferentes direitos sobre o fluxo de caixa do negócio proporcionados aos fornecedores dos recursos. Os credores fornecem dinheiro hoje em troca da promessa, estabelecida por meio de contrato, de pagamentos futuros de juros previamente fixados. Como observam Copeland & Weston (1988), os acionistas existentes da empresa "fornecem" recursos através dos lucros retidos que serão utilizados para novos investimentos. A firma pode, ainda, captar a partir de novos acionistas, emitindo novas ações. Em ambos os casos, os acionistas financiam a empresa em troca de um direito sobre seus fluxos de caixa futuros residuais, ou seja, após o pagamento dos juros e outras despesas. O capital fornecido pelos credores é usualmente chamado de capital de terceiros e ao fornecido pelos acionistas denomina-se capital próprio. Além das formas puras de dívidas e ações, diversos outros instrumentos são utilizados como fontes de recursos para investimentos, como é o caso do *leasing*, das dívidas conversíveis em ações e *warrants*[1].

Numa definição mais ampla, Williamson (1988) caracteriza o capital de terceiros e o capital próprio não apenas como instrumentos financeiros distintos, mas como estruturas de governança distintas. O autor argumenta que, em sua forma pura, as relações entre a empresa e seus credores (detentores de títulos de dívida) é inteiramente baseada em contratos explícitos. As regras são claras, permitindo aos credores, por exemplo, pedir a liquidação da firma em caso de insolvência. Por outro lado, a ingerência dos credores no processo decisório da empresa é pequena ou inexistente. No caso do capital próprio, os direitos sobre o fluxo de caixa são apenas residuais, isto é, os acionistas não podem exigir pagamentos fixados. Além disso, seu título possui prazo indeterminado até o vencimento, conferindo à empresa maior flexibilidade de ação. Não obstante, os acionistas podem substituir a administração, monitorá-la de diversas formas e decidir, eventualmente, sobre projetos de investimento importantes.

Pela própria natureza do instrumento de financiamento, cada tipo de investidor (credor ou acionista ordinário, por exemplo) de uma mesma firma defronta-se com níveis distintos de risco. Exigirá, por esta razão, uma taxa de retorno diferente, compatível com o custo de oportunidade do capital investido. O custo total do capital utilizado pela firma será, assim, uma composição dos diferentes custos associados às

[1] Uma *warrant*, no sentido aqui empregado, é definida como um título que confere a seu comprador o direito de adquirir certo número ações da empresa emitente por um preço de exercício predefinido até uma data estabelecida. Uma *warrant* assemelha-se, neste caso, a uma opção de compra de ações do tipo americana. Para mais detalhes sobre este e outros tipos de *warrants*, ver Copeland & Weston (1988, p. 473), Brealey & Myers (1998, p. 617) e Fortuna (1997, p. 217 e 272).

suas diferentes fontes de financiamento. O custo médio ponderado de capital (*CMPC*) capta a contribuição das formas distintas de financiamento na proporção em que são utilizadas pela empresa, como mostrado em (2.1).

$$CMPC = i_d \frac{D}{D+S} + i_s \frac{S}{D+S} \qquad (2.1)$$

onde i_d é o custo do capital de terceiros, i_s é custo do capital próprio, D é o valor de mercado das dívidas da empresa, S é o valor de mercado de suas ações e, portanto, $D+S$ representa o valor total da empresa. Se outras formas de financiamento forem utilizadas, poderão ser agregadas a (2.1) diretamente, de acordo com seu custo e com a proporção com que são utilizadas.

Na literatura de finanças, o valor de mercado de uma empresa é costumeiramente definido como o valor presente dos fluxos de caixa futuros esperados para todos os investidores, em que a taxa de desconto é o custo total do capital utilizado. Estabelece-se, desta forma, uma relação entre custo de capital e valor da empresa. Segundo acreditam diversos financistas e pesquisadores, se a firma puder minimizar seu custo de capital total através de alguma combinação dos diferentes tipos de financiamento, mantendo constantes os fluxos de caixa esperados, simultaneamente maximizará seu valor.

De acordo com o ponto de vista comumente denominado de "tradicionalista", uma combinação ótima de capital de terceiros e capital próprio pode ser obtida e deve ser buscada pelas empresas como forma de maximizar seu valor de mercado. Modigliani & Miller (1958) contestaram esta visão e, a partir de seu trabalho original, um expressivo número de pesquisas no campo da estrutura de capital contribuiu para uma melhor compreensão dos fenômenos a ela relacionados. Não obstante os esforços dos cientistas, diversas controvérsias persistem aguardando futuros esclarecimentos.

2. Abordagens Anteriores a Modigliani e Miller

É difícil precisar quando tiveram início as controvérsias científicas envolvendo a estrutura de financiamentos das empresas. Modigliani & Miller (1958) citam, por exemplo, as contribuições pioneiras de Allen (1954), Morton (1954) e Somers (1955), dentre outros. Não obstante, possivelmente, a primeira tentativa de tratar o problema de maneira mais sistemática pode ser atribuída a Durand (1952).

O trabalho de Durand (1952) analisa a questão da definição e mensuração do custo do capital da empresa a partir de duas abordagens distintas quanto à forma de apreçamento do negócio. A primeira é denominada pelo autor de método do lucro operacional (LO), ilustrada pelo Exemplo 1 (Durand, 1952, p. 227).

Tem-se, neste exemplo numérico, uma empresa hipotética financiada em parte com dívidas e em parte com capital próprio. Supõe-se que a dívida desta empresa é bem protegida e que os credores podem negociar seus títulos pelo valor de face. Portanto, o valor de mercado do capital de terceiros é conhecido. Resta, então, determinar o valor do capital próprio. Assume-se, ainda, para simplificar a análise, que o lucro operacional atual da empresa repetir-se-á nos próximos períodos indefinidamente.

Exemplo 1

Lucro operacional	$2.000.000
Taxa de capitalização, 10%	2.000.000/0,1
Valor total da empresa	20.000.000
Valor total da dívida	5.000.000
Valor total do capital próprio	15.000.000
Valor por ação, 1.500.000 ações	$10

No Exemplo 1, admite-se que o cálculo do valor do capital próprio deve ser feito em duas etapas. Na primeira, determina-se o valor total da empresa, calculado como o valor presente do lucro operacional futuro perpétuo do negócio. A taxa de 10% foi escolhida arbitrariamente como aquela que compensa os acionistas pelo risco de seu investimento. Na segunda etapa, subtrai-se do valor total o valor de face das dívidas, obtendo-se o valor do capital próprio.

A essência desta abordagem é que o valor das dívidas e ações será sempre o mesmo ($20 milhões, no exemplo), independentemente da proporção de capital próprio e de capital de terceiros em seu passivo, desconsiderando o risco de falência associado a níveis muito altos de endividamento. Se, por exemplo, não houvesse dívidas, o valor das ações seria de $20 milhões e se as dívidas somassem $7 milhões o valor das ações seria de $13 milhões. Em outras palavras, o valor do negócio é determinado pela estrutura dos seus ativos e não das suas fontes de financiamento.

O Exemplo 2 ilustra a segunda abordagem descrita por Durand (1952), chamada de método do lucro líquido (LL), considerando a mesma empresa hipotética.

Uma vez mais, o valor de mercado da dívida é conhecido e igual a $5 milhões e a empresa deve pagar periodicamente 4% sobre este valor a título de juros.

No método LL o valor do capital próprio é determinado a partir da capitalização do lucro líquido em lugar do lucro operacional. Por este método, o valor da empresa aumenta na medida em que aumenta seu endividamento. Por exemplo, se o valor da dívida fosse de $7 milhões, o valor da empresa seria de $24.200.000, maior do que os $23 milhões associados a um endividamento de $5 milhões e do que os $20 milhões calculados para a empresa sem dívidas. A Figura 2-1 mostra a relação entre o valor da empresa hipotética (*V*) e o valor de sua dívida (*D*) para níveis "moderados" de endividamento, considerando os métodos LO e LL.

Exemplo 2

Lucro operacional	$2.000.000
Juros (4% de $5 milhões)	200.000
Lucro líquido	1.800.000
Taxa de capitalização, 10%	1.800.000/0,1
Valor total do capital próprio	18.000.000
Valor por ação, 1.500.000 ações	$12

Figura 2-1 – Valor de Mercado da Empresa (V) e Valor da Dívida (D)(em $milhões)

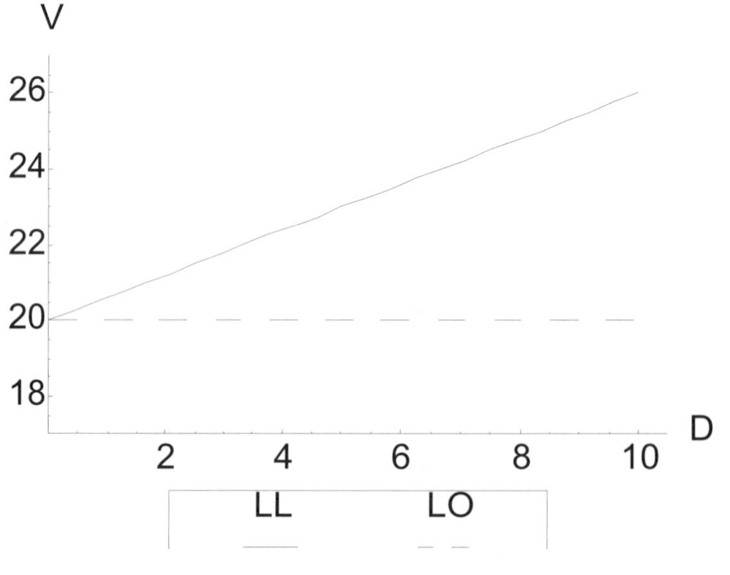

O método de apreçamento LL gera resultados consistentes com o que se costuma chamar de enfoque "tradicionalista". Para os adeptos deste enfoque, como observa Durand (1952), aumentos "moderados" no nível de endividamento da empresa não elevam os riscos incorridos pelos acionistas e conduzem a um aumento de seu valor total. Assim, o raciocínio do Exemplo 2 seria válido até o ponto em que o excesso de dívidas começasse a comprometer seriamente a capacidade de pagamento da firma, diminuindo o valor de mercado do capital de terceiros.

A abordagem LO, por sua vez, conclui pela indiferença da estrutura de capital da firma para a determinação de seu valor de mercado. Um argumento similar foi posteriormente adotado por Modigliani & Miller (1958) (ou M&M, por simplicidade) na construção de sua hipótese de indiferença, abordada no Capítulo 2, item 3. Em nenhuma das abordagens utilizadas, entretanto, Durand (1952) apresenta um mecanismo teórico através do qual se possa justificar a manutenção do valor da firma independentemente de sua estrutura de capital ou o aumento do valor proporcionado pelo endividamento. Apenas com M&M e o uso do conceito de arbitragem surgiu uma teoria robusta capaz de fazer avançar a compreensão do tema.

É importante destacar, por fim, que um imposto de renda corporativo não está contemplado no Exemplo 1 nem no Exemplo 2. Ao acrescentar o tributo na análise, Durand (1952) conclui que o valor da empresa deve aumentar com o aumento do endividamento tanto com o método LO quanto com o método LL, em razão da dedutibilidade dos pagamentos dos juros das dívidas.

3. As Proposições de Modigliani e Miller

O trabalho de M&M de 1958 baseia-se na formulação e demonstração de três proposições acerca do relacionamento entre estrutura de capital e valor da empresa, bem como entre estrutura de capital e as decisões de investimento da mesma. Sua Proposição I foi assim formulada (Modigliani & Miller, 1958, p. 268):

> "(...)*the market value of any firm is independent of its capital structure and is given by capitalizing its expected return at the rate ρ_k appropriate to its class*".[2]

Em outros termos, a Proposição I afirma que a proporção de capital de terceiros em relação ao capital próprio utilizado por uma empresa é completamente irrelevante para a determinação de seu valor de mercado. Isto porque diferentes combinações dos tipos distintos de instrumentos de financiamento não alterarão o custo

[2] "(...) o valor de mercado de qualquer empresa independe de sua estrutura de capital e é dado pela capitalização do seu retorno esperado à taxa ρ_k apropriada para sua classe." (tradução do autor)

total, ou médio, do capital utilizado pela firma. Usando a mesma notação dos autores, o valor de mercado total da empresa *j* (V_j) pertencente à classe *k* será dado por (2.2), onde $\overline{X}$ corresponde ao lucro esperado antes da dedução dos pagamentos de juros e ρ_k é taxa de desconto apropriada. ρ_k corresponde, assim, ao custo médio de capital da firma (*CMPC*) e é a taxa que compensa todos os seus investidores pelo risco a que estão expostos. A consideração do risco está implícita no conceito de classe formulado pelos autores, ou seja, todas as empresas pertencentes a uma dada classe *k* apresentam o mesmo nível de risco. Por fim, ρ_k equivale ao retorno exigido pelos acionistas de uma empresa não alavancada (sem dívidas).

$$V_j = \frac{\overline{X}_j}{\rho_k} \qquad (2.2)$$

A equação mostrada em (2.2) fornece o valor presente de um fluxo de caixa esperado perpétuo gerado por uma empresa com crescimento zero. A suposição de não crescimento é uma simplificação utilizada para facilitar a exposição das proposições. Seu relaxamento, todavia, não compromete os resultados encontrados.

A Proposição I de M&M é demonstrada a partir de um argumento de arbitragem em mercados em que (Copeland & Weston, 1988):

- as dívidas são todas livres de risco;
- os indivíduos podem emprestar e tomar emprestado à mesma taxa livre de risco; e
- não há custos de transação.

Nestas condições, os autores demonstram que é possível para qualquer investidor reproduzir a alavancagem de uma empresa tomando um empréstimo pessoal. Ele poderá ainda desfazê-la adquirindo títulos de dívida. De uma forma ou de outra, o investidor terá oportunidades de arbitragem, ou seja, ganhos imediatos e sem riscos, sempre que uma empresa não alavancada apresentar valor de mercado diferente de uma empresa alavancada, desde que ambas possuam o mesmo fluxo de caixa esperado $\overline{X}$. Num mercado perfeito, a possibilidade de arbitragem deverá forçar a igualdade dos valores, tornando irrelevante a combinação de capital próprio e de terceiros para a determinação do valor total de qualquer firma dentro de uma classe *k*. Por esta razão, o *CMPC* será constante e igual a ρ_k (custo do capital próprio de uma empresa não alavancada) independentemente da quantidade relativa de dívidas ou ações mantida pela firma.

Implícita ou explicitamente, M&M utilizam em seu trabalho diversos outros pressupostos, alguns mais e outros menos restritivos. Dentre eles, o modelo assume que (Copeland & Weston, 1988):

- não há custos de falência;
- apenas dois tipos de títulos são emitidos pela empresa: dívidas sem risco e ações;
- todas as firmas pertencem à mesma classe de risco;
- não há assimetria de informações entre indivíduos de dentro e de fora da empresa (investidores e administradores, por exemplo);
- os administradores sempre procuram maximizar a riqueza dos acionistas (não há custos de agência); e
- não há impostos.

Diversos destes pressupostos são, certamente, pouco realistas. Todavia, alguns podem ser relaxados sem alterar materialmente os resultados obtidos. Por exemplo, como anteriormente mencionado, se uma taxa de crescimento dos fluxos de caixa for introduzida, o modelo não será modificado de forma significativa. Rubinstein (1973) mostra, ainda, que a existência de dívidas com risco também deixa inteiramente inalterados os resultados originais.

Stiglitz (1969) demonstra os teoremas de M&M a partir de argumentos diferentes. O autor trabalha num contexto de preferência por estados da natureza (*state-preference*) e desenvolve uma análise de equilíbrio geral para mostrar que os resultados de M&M são mais robustos do que se pensava até então. Segundo Stiglitz (1969), a validade dos resultados originais não depende, por exemplo, da existência de "classes de risco" nem do grau de competitividade dos mercados de capitais. Ela independe, ainda, da concordância de todos os indivíduos acerca da distribuição de probabilidades dos resultados futuros (expectativas homogêneas).

Outros pressupostos, explícitos ou implícitos na formulação original, permanecem, não obstante, como importantes limitações do modelo de M&M. Um exemplo é a suposição de que todos os indivíduos podem emprestar e tomar emprestado à mesma taxa de juros disponível para as empresas. Se tal condição não se verificar na prática, o mecanismo de arbitragem descrito anteriormente pode tornar-se inoperante. Em outros termos, uma empresa poderia criar valor tomando emprestado (alavancando-se) em condições melhores do que as disponíveis aos seus investidores enquanto pessoas físicas. A este respeito, os próprios Modigliani & Miller (1958), bem como Brealey & Myers (1998), argumentam que, em termos aproximados, a suposição de igualdade das taxas é razoável, citando como exemplo a proximidade entre as taxas cobradas por empréstimos de corretores garantidos pelas ações do investidor e as captadas por empresas de baixo risco nos Estados Unidos.

Mais grave é a presunção da ausência de impostos incidindo sobre os lucros da corporação. Claramente, uma apreciação mais realista do tema deveria passar pelo relaxamento desta suposição. A inclusão de um imposto de renda corporativo foi feita ainda no trabalho original de M&M de 1958. Nele, os autores defendem que os mesmos resultados de indiferença da estrutura de capital são obtidos. Posteriormente, entretanto (Modigliani & Miller, 1963), corrigem seu raciocínio, apontando para um erro do trabalho original e propondo uma nova formulação para o caso da existência de uma alíquota de imposto corporativo maior do que zero.

Se V^U corresponde ao valor de uma empresa não alavancada (sem dívidas em sua estrutura de capital), V^L é o valor da empresa alavancada, τ_c é a alíquota de imposto de renda corporativo e D é o valor de mercado das dívidas permanentes da empresa, demonstra-se que (Modigliani & Miller, 1963)

$$V^L = V^U + \tau_c D \qquad (2.3)$$

A relação em (2.3) indica que o valor de uma empresa alavancada é igual ao valor de uma empresa não alavancada somado ao valor presente do benefício fiscal proporcionado pelo endividamento, representado por $\tau_c D$ (Copeland & Weston, 1988). Note-se que

$$V^L = V^U \text{ se } \tau_c = 0 \qquad (2.4)$$

ou seja, na ausência do imposto de renda corporativo a Proposição I continua válida e a estrutura de financiamento da firma permanece irrelevante para a determinação de seu valor. A importância de τ_c na análise advém da dedutibilidade dos juros pagos como serviço das dívidas da empresa. Assim, quanto maior for a alavancagem, menor será o montante de imposto de renda a ser pago para um mesmo lucro antes de impostos, evidenciando um considerável benefício proporcionado pelo endividamento.

Como comentado anteriormente, a Proposição I implica que $CMPC = \rho$ (o subscrito *k* não será mais necessário doravante) na ausência de impostos. Na presença de τ_c, todavia, esta formulação deve ser alterada para

$$CMPC = \rho - \tau_c(\rho - i_d)\frac{D}{D+S} \tag{2.5}$$

Observa-se em (2.5) que, sendo ρ maior do que i_d (isto deverá ser verdade, pois o capital próprio é mais arriscado do que o capital de terceiros), o custo médio ponderado de capital diminuirá com o aumento da alavancagem por causa do benefício fiscal do endividamento. Mais uma vez, quando $\tau_c = 0$ ter-se-á $CMPC = \rho$, confirmando o resultado da Proposição I.

A Proposição II de M&M, também formulada em seu trabalho de 1958, torna explícito o mecanismo através do qual o custo médio ponderado de capital permanece constante independentemente das proporções de *D* e *S*. Se, como é razoável admitir, $i_d < i_s$, então, à primeira vista, o *CMPC* deveria diminuir com o aumento do endividamento, pelo menos dentro de níveis "moderados" de alavancagem que não comprometessem a capacidade da empresa de honrar seus compromissos. Este é precisamente o ponto de vista "tradicionalista". Opondo-se a esta idéia, M&M mostram que *qualquer* aumento da alavancagem financeira por meio de um maior endividamento traduz-se num risco maior para os acionistas da empresa. Esta percepção de aumento do risco refletir-se-á, por sua vez, numa majoração do custo do capital próprio (i_s). Com isto, duas forças atuarão simultaneamente sempre que aumentar $D/(D + S)$: por um lado, o *CMPC* diminuirá, pois $i_d < i_s$; por outro, o *CMPC* aumentará porque i_s será majorado em função do risco acrescido. Segundo M&M, a interação destes dois movimentos opostos resulta num efeito nulo sobre o *CMPC*, o qual permanecerá igual a ρ. A equação em (2.6) mostra como i_s varia em função de D/S (em diferentes momentos os autores utilizam $D/(D+S)$ ou D/S como a medida de alavancagem).

$$i_s = \rho + (\rho - i_d)\frac{D}{S} \tag{2.6}$$

Com base em (2.6), observa-se que, na ausência de alavancagem financeira ($D = 0$), $i_s = \rho$. A taxa i_s crescerá, então, linearmente com o aumento de D/S, de tal forma que o *CMPC* ficará constante. Tais relações são mostradas na Figura 2-2.

Figura 2-2 – CMPC e custo do capital próprio na ausência de impostos

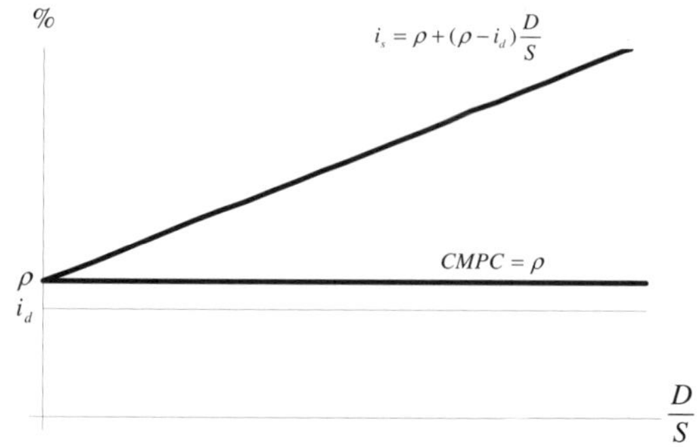

Fonte: Adaptado de Copeland & Weston (1988)

Em seu artigo de 1963, M&M mostram como o custo do capital próprio relaciona-se com a alavancagem financeira na presença de uma alíquota de imposto de renda corporativo maior do que zero. Neste caso, o aumento em i_s decorrente do aumento em *D/S* será menor do que no caso anterior, mostrado em (2.6), em função do benefício fiscal proporcionado pelas dívidas. Esta relação é apresentada em (2.7).

$$i_s = \rho + (1-\tau_c)(\rho - i_d)\frac{D}{S} \qquad (2.7)$$

A variação do *CMPC* e de i_s devido ao aumento da alavancagem é mostrada na Figura 2-3.

Figura 2-3 – CMPC *e custo do capital próprio quando* $\tau_c > 0$

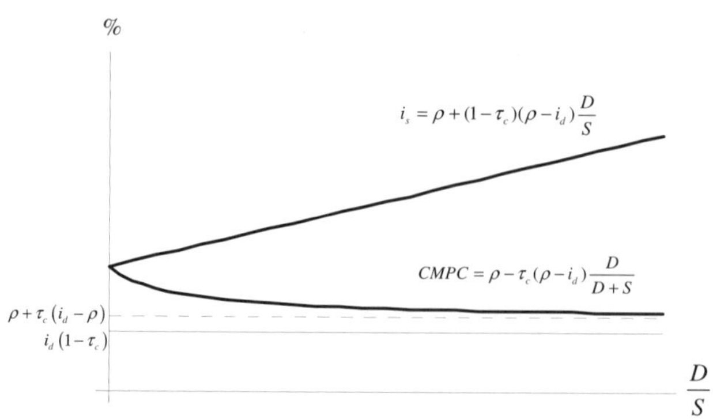

Fonte: Adaptado de Copeland & Weston (1988)

Em suma, as proposições originais de M&M estabeleceram a irrelevância da estrutura de capital para a determinação do valor da empresa, desde que certas condições restritivas por eles definidas ou implícitas em sua formulação se verificassem, pelo menos em termos aproximados. Em 1963, os mesmos autores mostraram, corrigindo seu primeiro trabalho, que, na presença de um imposto de renda corporativo, a proposição de irrelevância não será mais válida. Em razão do benefício fiscal proporcionado pelo endividamento, um aumento da alavancagem levará a uma diminuição do custo médio ponderado de capital, conseqüentemente aumentando o valor da empresa, *ceteris paribus*.

Pela Figura 2-3, vê-se que o *CMPC* cairá sempre com o aumento da alavancagem, até o limite de $\rho + \tau_c (i_d - \rho)$ quando $D \rightarrow \infty$. Neste caso, a recomendação aparente para o administrador será endividar continuamente a empresa. Todavia, não parece lógico, intuitivamente, que qualquer firma possa endividar-se até o ponto no qual todo o seu financiamento provenha do capital de terceiros. Como conciliar, então, esta intuição com as proposições de M&M?

Algumas respostas para o enigma da estrutura de capital surgiram com modelos teóricos nos quais importantes suposições restritivas do modelo de M&M foram relaxadas. Destacam-se, aqui, as teorias considerando os custos de falência esperados das empresas; as baseadas em modelos de sinalização, motivados pela assimetria de informações entre indivíduos de dentro e de fora da empresa; e as relacionadas à teoria de agência. Deve-se destacar, ainda, a contribuição individual de Miller (1977), introduzindo alíquotas de imposto de renda pessoal incidentes sobre os ganhos dos acionistas e credores.

4. O Modelo de Miller

Miller (1977) trabalha no mesmo contexto teórico utilizado nas proposições de M&M, porém considerando não apenas o imposto de renda corporativo como também o imposto de renda incidente sobre a pessoa física dos investidores. Em sua formulação, (2.3) transforma-se em (2.8)

$$V^L = V^U + \left[1 - \frac{(1-\tau_c)(1-\tau_{ps})}{(1-\tau_{pd})} \right] D \qquad (2.8)$$

onde τ_{ps} é a alíquota de imposto incidente sobre os rendimentos pessoais dos acionistas da empresa e τ_{pd} é a alíquota de imposto incidente sobre os rendimentos pessoais dos credores da empresa.

Observa-se, em (2.8), que, com a introdução dos impostos pessoais no modelo, o benefício fiscal proporcionado pelo endividamento, vinculado a τ_c, torna-se ambíguo e dependente das alíquotas τ_{ps} e τ_{pd}. Se, por exemplo, $(1-\tau_c)(1-\tau_{ps}) = (1-\tau_{pd})$ todo benefício fiscal desaparecerá. Por outro lado, se as alíquotas sobre os ganhos advindos de investimentos em ações e investimentos em títulos de dívida forem idênticas, ou seja, $(1-\tau_{ps}) = (1-\tau_{pd})$, o benefício fiscal será máximo. Em casos intermediários, o referido benefício será menor do que o previsto em Modigliani & Miller (1963). A existência dos impostos pessoais além do corporativo poderia, assim, explicar por que as empresas não se endividam continuamente ou poderia mesmo recuperar a idéia de indiferença da estrutura de capitais defendida por M&M em 1958 e sugerida por Durand em 1952. Outro trabalho na mesma linha é atribuído a DeAngelo & Masulis (1980).

5. Custos de Falência

Diversas das proposições alternativas a M&M concentraram-se na existência de custos de falência esperados, normalmente divididos entre custos diretos e indiretos. Os custos diretos de falência vinculam-se às despesas com os processos legais e administrativos envolvidos na reestruturação de uma empresa falida. Incluem o tempo extra despendido pela administração na negociação com os credores, o tempo extra gasto pelos próprios credores no processo, bem como despesas com advogados, contadores e demais profissionais diretamente envolvidos com a reestruturação. Alguns autores, como Warner (1977) e Weiss (1990), apresentaram evidências dos custos diretos de falência para empresas norte-americanas. De acordo com seus resultados, estes custos não chegam a ser muito significativos se comparados ao valor das empresas, especialmente para firmas de grande porte. Ademais, a influência dos custos diretos de falência sobre as taxas de captação da empresa só pode ser avaliada após sua multiplicação pela probabilidade de falência (resultando num custo esperado), o que diminui ainda mais o impacto desta variável (Grinblatt & Titman, 1998).

Os custos indiretos de falência são mais difíceis de definir e estimar, pois são, em essência, custos de oportunidade. Grinblatt & Titman (1998) referem-se a eles como "custos de dificuldades financeiras". Incluem a perda de credibilidade da empresa e os conseqüentes danos para seu faturamento, condições de negociação com fornecedores e relacionamento com seus clientes e credores. Altman (1984) mostra, em estudo empírico, que os custos indiretos de falência podem ser significativos para muitas empresas e, somados aos custos diretos, justificam os modelos de otimização da estrutura de capital da firma baseados no *tradeoff* entre os benefícios fiscais do endividamento e os custos esperados de falência a ele associados.

Segundo Copeland & Weston (1988), Baxter (1967) foi um dos primeiros autores a sugerir que uma estrutura de capital ótima, ou seja, aquela que maximiza o valor da empresa, pode ser determinada a partir da interação de duas forças opostas. A primeira relaciona-se ao beneficio fiscal associado ao endividamento. Por este prisma, um aumento da alavancagem reduzirá o *CMPC*, como previsto pelo modelo de M&M de 1963. A segunda força impulsionará para cima o *CMPC* à medida que aumenta a alavancagem. Isto ocorrerá porque um maior endividamento aumenta a probabilidade de falência e, portanto, seus custos esperados. Maiores custos esperados de falência, por sua vez, refletir-se-ão em aumentos contínuos das taxas de juros cobradas pelos credores, de maneira a compensá-los pelo risco extra que passam a suportar. Assim, a combinação ótima de capital próprio e de terceiros será obtida quando o ganho marginal de natureza fiscal proporcionado pela alavancagem igualar-se ao prejuízo esperado marginal advindo dos custos de falência. Outros tratamentos dentro do tema foram oferecidos por Stiglitz (1972), Kraus & Litzenberger (1973), Kim (1978) e Bradley *et al.* (1984).

6. Informações Assimétricas e Sinalização

Harris & Raviv (1991) enquadraram as contribuições mais modernas ao tema da estrutura de capital em quatro grandes categorias: estudos baseados no conceito de assimetria de informações e sinalização; estudos baseados nas interações entre os mercados de insumo/produto e considerações estratégicas da firma; estudos baseados em considerações acerca do controle corporativo das empresas; e estudos baseados nos custos de agência.

Assimetria de informações refere-se à desigualdade de acesso de diferentes indivíduos a uma mesma informação. Nas organizações em que a propriedade e o controle são separados, por exemplo, existe uma gama de investidores externos à empresa que dispõem de informações limitadas sobre as reais perspectivas da mesma e sobre as reais intenções de sua administração. Neste contexto, assume-se, os administradores podem lançar mão de mecanismos de sinalização aos mercados através de mudanças na estrutura de capital da firma.

Segundo Copeland & Weston (1988), Ross (1977) foi o pioneiro na aplicação de modelos de sinalização em finanças. Argumentava Ross (1977) que as proposições de M&M tinham implícita a suposição de que o mercado conhece a "verdadeira" distribuição de probabilidades dos fluxos de caixa da empresa, ou seja, seu valor esperado ($\overline{X}$) e seu risco (a partir do qual se estima o custo de capital). Com base nestas informações, seria determinado o valor da firma através da equação (2.2). Segundo o autor, entretanto, o *input* que o mercado utiliza para determinar o valor da empresa é uma distribuição de probabilidades "percebida" a partir das limitadas informações disponíveis para os investidores externos à organização (*outsiders*). Assim, surge a possibilidade de os administradores (*insiders*) alterarem a percepção do mercado acerca do futuro da empresa através, por exemplo, de mudanças em sua política de dividendos ou em sua estrutura de financiamentos.

O argumento utilizado por Ross (1977), assim como por outros pesquisadores depois dele, parte do princípio de que a empresa que emite dívidas em lugar de novas ações para financiar seus projetos sinaliza ao mercado que não está preocupada com a possibilidade de tornar-se insolvente. Observe-se que é do interesse dos administradores a continuidade do negócio. Por isso, eles relutarão, em condições normais, a assumir os riscos inerentes a uma alavancagem mais elevada, a não ser que estejam suficientemente confiantes a respeito das perspectivas futuras da firma. Na mesma linha de raciocínio, a emissão de dívidas ao invés de ações informa aos investidores *outsiders* que a administração considera subvalorizado o preço corrente das ações da empresa. De acordo com este argumento, portanto, o valor das ações da firma deveria subir quando ela emitisse novas dívidas para financiar seus projetos e cair quando emitisse novas ações (porque sinalizaria uma sobrevalorização do preço das ações).

O modelo de sinalização sugerido por Myers & Majluf (1984) e Myers (1984) indica que, na maior parte das vezes, as empresas só procurarão o financiamento por meio da emissão de novas ações em último caso. Isto porque, possuindo informações privilegiadas e melhores do que o mercado acerca das perspectivas do negócio, os administradores freqüentemente encontrar-se-ão diante de um dilema. Ou deixarão de aproveitar projetos criadores de valor (projetos com valor presente líquido positivo) ou serão compelidos a vender ações por um preço abaixo do "correto" (uma vez que o mercado desconhece as boas perspectivas para o futuro). Para evitar o possível dilema, a empresa procurará sempre evitar as formas de financiamento para as quais a probabilidade de subvalorização do título é mais elevada. Assim sendo, deverá existir, segundo os autores, uma ordem de preferência por tipos de financiamento ou, simplesmente, *pecking order*. Especificamente, a forma de financiamento mais interessante para a empresa será a utilização de seus próprios lucros retidos (financiamento interno). Em segundo lugar virá a emissão de títulos de dívida e em último a emissão de novas ações.

7. Mercados de Insumo/Produto e Estratégia da Firma

Alguns trabalhos recentes têm enfocado o relacionamento entre a estrutura de capital da firma e sua estratégia competitiva ou seu relacionamento com clientes, fornecedores e demais partes interessadas. Outros enfocam, ainda, como a estrutura competitiva dos mercados poderá afetar as decisões de financiamento das empresas.

Grinblatt & Titman (1998) destacam as pesquisas relacionadas à denominada "teoria dos *stakeholders*", em que o termo *stakeholder* deve ser entendido como qualquer parte interessada nas atividades da empresa e em sua saúde financeira. Inclui clientes, fornecedores, empregados e a comunidade na qual a firma opera, além de seus investidores.

Trabalhos como o de Titman (1984) ressaltam os custos potencialmente substanciais associados às dificuldades financeiras e a uma eventual liquidação dos ativos da empresa. Para o autor, a descontinuidade das atividades de uma empresa impõe custos aos seus clientes, fornecedores, empregados e assim por diante. Tais custos podem ser bastante elevados, por exemplo, se o produto da firma for único e complexo e exigir habilidades também únicas de seus empregados. Neste caso, a falência da firma trará grandes prejuízos a seus fornecedores, os quais precisarão redirecionar todo o seu negócio. Também os clientes sairão perdendo se, por exemplo, o produto necessitar de manutenção fornecida pela própria empresa ou de peças de reposição por ela fabricadas. Por fim, seus empregados altamente especializados provavelmente terão dificuldade para adaptar-se a novas ocupações. Em suma, os custos associados a eventuais dificuldades financeiras deverão ser substanciais para uma firma com tais características. Uma forma eficaz de reduzir a probabilidade de dificuldades financeiras e da descontinuidade das operações da empresa é o financiamento de suas atividades preferencialmente através de capital próprio. Trabalhos como o de Titman (1984) e o de Titman & Wessels (1988) argumentam, portanto, que empresas com ativos únicos ou dificilmente alocáveis em atividades alternativas serão menos alavancadas financeiramente se comparadas às fabricantes de produtos pouco especializados.

Titman & Wessels (1988) observam ainda, reforçando o argumento acima, que as firmas muito especializadas e singulares disporão de relativamente poucos ativos para oferecer como garantia de empréstimos, uma vez que tais ativos terão pouco valor de revenda em função de sua pequena empregabilidade em atividades alternativas. Por isso, disporão de condições pouco favoráveis para captar capital de terceiros, permanecendo numa posição pouco alavancada. Um argumento similar é oferecido por Williamson (1988) no contexto da Economia dos Custos de Transação (ECT). Também Balakrishnan & Fox (1993) relacionam estrutura de capital, estratégia do negócio e especificidade dos ativos da firma.

Maksimovic (1986), Brander & Lewis (1986) e outros estudam os efeitos da estrutura de financiamento da firma para sua posição competitiva em estruturas de mercado oligopolistas. Maksimovic (1986), por exemplo, mostra que a capacidade de endividamento aumenta com a elasticidade da demanda pelos produtos da firma (Harris & Raviv, 1991, p. 317).

8. Controle Corporativo

Harris & Raviv (1991) mencionam os estudos de Stulz (1988) e Harris & Raviv (1988) como dois dos principais trabalhos relacionando estrutura de capital e disputas pelo controle das firmas. O argumento básico apóia-se sobre a tendência da administração de envidar esforços para evitar a todo custo que a empresa seja alvo de uma compra (*takeover*) hostil no mercado de capitais, uma vez que isso poderia custar seus empregos. As pesquisas procuram determinar as estratégias ótimas de curto prazo para evitar o *takeover*.

Uma compra hostil é normalmente executada por um comprador altamente alavancado que se aproveita da subutilização da capacidade de endividamento por parte da empresa-alvo. Por esta razão, as empresas candidatas a um *takeover* hostil (empresas-alvo) tenderão a escolher um nível mais elevado de alavancagem *ceteris paribus*. Os autores, reforçando este argumento, mostram que o nível de alavancagem é inversamente proporcional, em média, à probabilidade de sucesso do *takeover*. Harris & Raviv (1988) mostram, ainda, que os alvos de compras hostis malsucedidas são empresas relativamente mais endividadas, em média.

A respeito dos resultados encontrados, Harris & Raviv (1991) ressalvam que eles são válidos somente como estratégias de curto prazo, como respostas a ameaças de *takeover* iminente. Nada informam, portanto, sobre a estrutura de capital da empresa no longo prazo.

9. Teoria de Agência e Estrutura de Capital

9.1. Teoria de agência

Uma relação agente-principal estabelece-se quando um indivíduo, o agente, representa os interesses de outro, denominado principal. Tal relação costuma desenvolver-se a partir de contratos explícitos e/ou implícitos, estipulando as atribuições das partes envolvidas. É o caso de um relacionamento empregado-patrão típico.

O potencial para conflitos inerente a uma relação agente-principal decorre do simples fato de serem eles pessoas diferentes e de algumas suposições acerca da natureza humana. Em *The Nature of Man*, Michael Jensen e William Meckling (1994) propõem um modelo simplificado para a compreensão do comportamento médio das pessoas, com base em algumas suposições sobre a natureza dos seres humanos de forma genérica. Neste trabalho, os autores apresentam o argumento fundamental sobre o qual construíram a teoria de agência, qual seja: a inexistência, por definição, do "agente perfeito".

Para Jensen & Meckling (1994), a natureza humana exclui a possibilidade de qualquer indivíduo comportar-se como um agente perfeito, definido como "(...) *a person that will maximize with respect to the preferences of the principal while, if necessary, denying his or her own*"[3]. (Jensen & Meckling, 1994, p. 29). Com esta definição, os autores indicam que nenhum indivíduo pode comportar-se como maximizador de uma função de utilidade que não é a sua, ou seja, seu comportamento será fundado em seu próprio conjunto de preferências individuais, necessariamente únicas. Assim, haverá sempre espaço para incongruências entre o comportamento desejado pelo principal e o efetivamente apresentado pelo agente.

Relações de agência perpassam as organizações em níveis diversos. De fato, elas estão presentes em qualquer esforço cooperativo envolvendo seres humanos, mesmo quando as posições de principal e agente são ambíguas (Jensen & Meckling, 1976). Não obstante, os problemas de agência enfocados pelos autores restringem-se a duas importantes vertentes: as relações entre credores e acionistas/administradores da empresa e entre administradores e acionistas. Esta última ocorrerá sempre que existir alguma forma de separação entre a propriedade e o controle da empresa.

Em ambos os casos, é do interesse do principal minimizar os conflitos originados dos problemas de agência. Para tanto, ele estabelecerá um sistema de incentivos apropriado para o agente e incorrerá em custos de monitoração, de forma a limitar as ações do agente contrárias a seus interesses. Segundo Jensen &

[3] "(...)uma pessoa que maximizará com respeito às preferências do principal ao mesmo tempo em que, se necessário, negligenciará as suas próprias." (tradução do autor)

Meckling (1976), em diversas ocasiões também compensará ao agente criar mecanismos através dos quais ele possa assegurar ao principal que suas ações não lhe serão prejudiciais ou que o principal será adequadamente compensado caso ocorra algum prejuízo. Entretanto, continuam os autores, será virtualmente impossível garantir, de uma forma ou de outra, que o agente sempre tomará as decisões ótimas do ponto de vista do principal. Portanto, mesmo na presença de sistemas efetivos de controle restará alguma divergência entre as decisões tomadas pelo agente e aquelas que maximizariam a riqueza do principal. A expressão monetária desta divergência, cujo resultado é uma redução da riqueza do principal, é definida como uma "perda residual".

Com base nos argumentos acima, Jensen & Meckling (1976) definem três tipos fundamentais de "custos de agência": os custos de monitoração incorridos pelo principal; os "custos de comprometimento" incorridos pelo agente; e a perda residual. Incluídos no primeiro item, esclarecem os autores, estão todos os esforços envidados pelo principal para controlar o comportamento do agente através de restrições orçamentárias, políticas salariais, regras operacionais, entre outros, além, naturalmente, das despesas com a monitoração propriamente dita.

9.2. Conflitos entre credores e acionistas/administradores

Nem sempre os comportamentos voltados para a maximização do valor do capital próprio de uma empresa são congruentes com os direcionados à maximização de seu valor total (capital próprio somado ao capital de terceiros). Como argumentam Grinblatt & Titman (1998), os acionistas de uma empresa alavancada freqüentemente terão incentivos para implementar estratégias de investimento que reduzem o valor de mercado das dívidas da firma, prejudicando, desta forma, os credores.

Uma das estratégias "egoístas" mais conhecidas consiste na escolha, pela administração, de projetos de investimento mais arriscados do que os esperados pelos credores no momento do empréstimo. Este comportamento é conhecido como o "problema da substituição de ativos". O incentivo à substituição de projetos menos arriscados por outros mais arriscados à revelia dos credores vincula-se à característica de assimetria dos ganhos para os investidores de uma empresa alavancada, explicada abaixo.

Os acionistas da empresa têm direitos sobre o seu valor residual, isto é, após o pagamento das dívidas. Supondo, por exemplo, uma dívida com valor de mercado de $100 no momento da liquidação da firma, se o valor total da mesma neste instante do tempo for de $130, os acionistas ganharão os $30 residuais após a quitação do passivo com terceiros. Se o mesmo valor for de $250, os acionistas embolsarão $150. Se, entretanto, o valor total for de $50, os credores receberão apenas $50 e os acionistas não terão direito a nada. Como se vê, existe uma assimetria entre os ganhos para credores e acionistas. Os primeiros possuem direitos prioritários e seu ganho máximo será de $100. Os acionistas, por seu turno, só poderão reclamar o valor que exceder $100. Assim, seus ganhos potenciais são ilimitados.

Tais características do capital próprio (ganhos potencialmente ilimitados e perdas limitadas) assemelham-se às de um contrato de "opção", um conhecido instrumento derivativo. Devido a esta assimetria, de maneira análoga a uma opção, o valor do capital próprio aumenta com o aumento do risco dos projetos da empresa. Por exemplo, suponha que o investimento inicialmente proposto pelos gestores da firma gera um valor esperado de $150 para uma dívida de $100, sobrando $50 para os acionistas. Suponha, ainda, que, após o empréstimo, os gestores podem trocar o projeto previamente combinado por outro com maior risco, porém com valor esperado de $200. Dependendo das circunstâncias, será vantajoso para os acionistas realizar a substituição, uma vez que seu ganho esperado será maior. Para os credores, não obstante, a troca por um projeto de maior risco será necessariamente prejudicial, uma vez que, se o projeto for bem-sucedido, seu ganho permanecerá o mesmo ($100), ao passo que, em função do risco mais elevado, a probabilidade de a firma tornar-se insolvente terá aumentado. Para restringir um comportamento discricionário desta natureza, os credores poderão incorrer em custos de agência na forma de sistemas de monitoração das decisões dos administradores e cláusulas contratuais mais restritivas, entre outros.

Outra fonte de conflitos entre credores e acionistas/administradores da empresa, sugerida por Titman (1984) e mencionada por Grinblatt & Titman (1998), é a relutância dos últimos em liquidar a firma mesmo quando o valor de liquidação de seus ativos supera o valor da empresa em funcionamento. (*going concern*). Numa eventual liquidação, o valor dos ativos poderia ser próximo do valor das dívidas e, como os direitos dos acionistas são apenas residuais, eles poderiam ficar sem ganho nenhum ou com um ganho muito reduzido. Mais uma vez num raciocínio análogo ao utilizado para as opções, continuar com a empresa funcionando será geralmente mais interessante para os acionistas, desde que ainda existam projetos arriscados disponíveis. Neste caso, haverá sempre a possibilidade de que o valor para o acionista aumente no futuro. Também do ponto de vista do administrador, em particular, a liquidação da empresa não será uma alternativa desejável, pois implicará a perda de seu emprego.

Além dos aqui apresentados, outros problemas de agência de natureza similar envolvem, por exemplo, a tendência de uma empresa endividada ao subinvestimento, isto é, ao não aproveitamento de algumas oportunidades criadoras de valor, por causa do excesso de dívidas (Myers, 1977, e Kim & Sorensen, 1986), entre outras fontes de conflitos.

9.3. Conflitos entre acionistas e administradores

Quando a propriedade da empresa é separada de seu controle, surgem relações típicas de agência entre os proprietários (acionistas) e os controladores (administração). A análise de Jensen & Meckling (1976) enfoca, inicialmente, a situação na qual não existem conflitos, ou seja, em que o administrador é o único proprietário do negócio. Neste caso, quaisquer gastos improdutivos (que não aperfeiçoam a operação da empresa) refletir-se-ão na redução correspondente do resultado final do negócio. Os gastos improdutivos podem ser das mais diversas naturezas e incluem todos os tipos de "mordomias", como salas maiores para os executivos, maior número de secretárias, e quaisquer outros benefícios pecuniários ou não pecuniários "supérfluos" disponibilizados para a administração ou demais membros da organização. Incluem também despesas com filantropia e atividades correlatas.

A redução do resultado final da empresa em conseqüência dos gastos improdutivos será, nesta situação, absorvida inteiramente pelo proprietário-administrador. Por exemplo, uma despesa improdutiva de $100 reduzirá o lucro da firma no mesmo montante. Com isto, a riqueza do acionista terá sido diminuída precisamente em $100 (já que o resultado final da empresa é o ganho potencialmente disponível para o acionista).

Suponha, agora, que o proprietário-administrador venda parte de suas ações no mercado, permanecendo ainda com 90% do capital próprio e com a atividade de controle da empresa. Com isto, a perda de riqueza ocasionada pelos gastos improdutivos será agora dividida entre o acionista original e os novos proprietários (os quais não possuem ingerência sobre o negócio). Retomando o exemplo do parágrafo anterior, um desembolso improdutivo de $100 reduzirá no mesmo montante o lucro da empresa, como antes. Porém, a riqueza do acionista original terá sido reduzida, desta feita, em apenas $90. Os restantes $10 representam uma perda para os novos acionistas externos, os quais, todavia, não usufruem de nenhuma "mordomia". Com isto, argumentam os autores, aumentam os incentivos para o administrador realizar ainda maiores gastos improdutivos, apropriando-se de todos os seus benefícios pecuniários e não pecuniários, porém dividindo a perda deles originada.

Com o intuito de minimizar os potenciais prejuízos associados às relações de agência entre acionistas externos e administradores da empresa, os principais (acionistas) incorrerão em custos de monitoração conforme descrito no Capítulo 2, item 9.1. Também foi visto que, em diversas ocasiões, é do interesse dos agentes (administradores) incorrer em custos de comprometimento e que, apesar dos esforços de ambas as partes, subsistirão perdas residuais decorrentes dos conflitos.

9.4. Implicações da teoria de agência para a estrutura de capital da empresa

A compreensão dos possíveis conflitos de interesse entre agentes e principais e das formas de mitigá-los tem contribuído em aspectos variados para o estudo dos determinantes da estrutura de capital e como ela se relaciona com o valor da empresa. Uma abordagem inicial genérica é descrita por Copeland & Weston (1988), a partir de Jensen & Meckling (1976). Segundo os autores, a determinação da estrutura de financiamento que maximiza o valor da empresa (estrutura ótima) passa pela consideração dos possíveis conflitos envolvendo acionistas/administradores *versus* credores e acionistas externos *versus* administradores.

Os problemas de agência relacionados às dívidas envolvem, como anteriormente comentado, a tendência da administração, agindo em prol dos acionistas da empresa, de substituir projetos menos arriscados por outros mais arriscados, transferindo riqueza dos credores para os acionistas. Outros comportamentos "egoístas" são também freqüentemente observados na prática. Os credores poderão proteger seus interesses através de diversos mecanismos de controle. Contudo, todos eles envolverão custos, por vezes substanciais.

Com os problemas de agência decorrentes da separação entre propriedade e controle não é diferente. Estes podem assumir formas bastante diversas e variados mecanismos podem ser construídos com o intuito de minimizar seus efeitos nocivos. Novamente, entretanto, todas as alternativas envolverão custos.

Uma empresa pode, então, estimar como variam os custos de agência das dívidas e os custos de agência do capital próprio fornecido por investidores externos à organização em função do seu grau de endividamento. Em princípio, os primeiros devem aumentar com o acréscimo do capital de terceiros. Os últimos, por sua vez, deverão diminuir com o aumento da alavancagem (este mecanismo é explicado na próxima seção). Somando as duas fontes de custo, é possível, *ceteris paribus*, determinar o nível de alavancagem ótimo e este corresponderá ao ponto no qual os custos totais de agência são mínimos.

Não obstante a utilidade do raciocínio descrito por Copeland & Weston (1988), deve-se ressaltar que uma estimativa monetária dos custos de agência e de seu relacionamento preciso com o nível de alavancagem é, na melhor das hipóteses, um desafio cujos resultados serão sempre questionáveis e, na pior, uma tarefa impossível. Por sua natureza sutil, os custos de agência costumam ser estimados de maneiras um tanto indiretas. Diversos autores apresentaram proposições incorporando elementos da teoria desenvolvida por Jensen & Meckling (1976), resultando em predições testáveis sobre a relação entre a estrutura de capital e o valor da empresa. É a partir de tais predições que os pesquisadores podem efetivamente identificar a influência das relações de agência no mundo real. Nas próximas seções são comentadas, dentre estas proposições, aquelas sobre as quais foram construídas as hipóteses que serão testadas no presente trabalho.

9.4.1. A hipótese do fluxo de caixa livre

O "fluxo de caixa livre" foi definido por Jensen (1986) como o fluxo de caixa em excesso ao necessário para financiar todos os projetos disponíveis com valor presente líquido (VPL) positivo quando descontados à taxa do custo de capital da firma. No contexto da teoria de agência, em empresas nas quais a propriedade e o controle são separados, estes recursos em excesso tenderão a ser utilizados de forma perdulária pela administração.

Os administradores, trabalhando por seus próprios interesses, disporão, na presença de fluxo de caixa livre, da oportunidade e do incentivo para aumentar os gastos não produtivos da firma (com "mordomias", por exemplo) e para investir em projetos com VPL negativo. Este último comportamento decorre do natural incentivo para o administrador de promover o crescimento da empresa, mesmo que isso reduza a rentabilidade para o acionista. Em empresas maiores é mais fácil para o gestor justificar "mordomias" e salários mais elevados. Além disso, seu *status*, por ser responsável por um volume maior de ativos, aumentará, assim como, possivelmente, sua sensação de segurança no emprego.

Os malefícios potenciais do fluxo de caixa livre poderão ser reduzidos, segundo o autor, por meio de uma maior alavancagem da empresa. A necessidade de distribuição periódica dos proventos dos investimentos na forma de juros exercerá, argumenta-se, um efeito disciplinador sobre a administração, por meio da redução do fluxo de caixa livre. Sem possíveis grandes "sobras", os gestores terão pouco espaço para destruir a riqueza dos acionistas. Portanto, se o mercado perceber o problema do fluxo de caixa livre de uma determinada firma como significativo, quanto maior for seu nível de alavancagem maior será o valor de suas ações. Não obstante, o endividamento poderá tornar-se prejudicial se for grande a ponto de obrigar os administradores a deixar de implementar projetos com VPL positivo, um problema conhecido como subinvestimento e discutido no item 9.4.2.

9.4.2. O problema do subinvestimento

Myers (1977) foi um dos pioneiros a tratar do problema do subinvestimento, no contexto das relações de agência entre credores e acionistas/administradores da empresa. O autor demonstra que uma quantidade excessiva de dívidas induzirá os gestores da firma, agindo em nome dos acionistas, a não implementar certos projetos com VPL positivo, uma vez que os credores poderiam captar a maior parte dos ganhos esperados. Neste caso, o subinvestimento enquadra-se como uma das estratégias "egoístas" discutidas no Capítulo 2, item 9.2.

Como será visto nas próximas seções, Stulz (1990) também enfoca os problemas do investimento excessivo, motivado pelo fenômeno do fluxo de caixa livre descrito por Jensen (1986), e do subinvestimento. Este último fenômeno, porém, é tratado a partir de um enfoque baseado na assimetria de informações entre acionistas externos e administradores da empresa, diferentemente da abordagem baseada nos problemas de agência do endividamento proposta por Myers (1977).

10. O Modelo de Stulz

10.1. Introdução

O modelo de estrutura de capital ótima desenvolvido por Stulz (1990) constrói-se sobre elementos da teoria da assimetria de informações (Capítulo 2, item 6) e da teoria de agência (Capítulo 2, item 9).

A assimetria de informações está refletida na suposição de que os acionistas atomizados e externos à empresa não conhecem as decisões de investimento tomadas pelos gestores da mesma e não observam a verdadeira distribuição dos fluxos de caixa do negócio nem suas realizações, ou seja, não sabem, efetivamente, qual o montante de recursos disponível para novos investimentos em cada período.

O problema de agência, por sua vez, refere-se à suposição de que qualquer investimento realizado pela empresa traz benefícios pessoais para seus gestores. Tais benefícios são da mesma natureza dos discutidos por Jensen (1986) e apresentados no Capítulo 2, item 9.4.1. Incluem as vantagens, do ponto de vista da administração, de um conjunto maior de ativos, como uma remuneração mais elevada, maior *status* e uma maior sensação de segurança no emprego. De uma maneira geral, um aumento do tamanho da empresa possibilita acréscimos em gastos não produtivos e mordomias. Assim, Stulz (1990) assume que os referidos gastos elevam a utilidade total (satisfação) dos gestores e que, por isso, eles procurarão investir o máximo possível.

No mundo descrito por Stulz (1990), os gestores da empresa tenderão sempre a alegar que os recursos à sua disposição são insuficientes para aproveitar todas as oportunidades de bons investimentos disponíveis. Sabendo disto, os acionistas externos, por seu turno, tenderão a não acreditar em tais alegações, recusando-se, em certos casos, a fornecer recursos adicionais aos gerados internamente pela própria atividade empresarial. Por conseqüência, a administração pode ser forçada a investir menos do que poderia nos bons projetos quando os recursos são verdadeiramente escassos e escolherá investir mais do que deveria quando os mesmos recursos forem, de fato, excessivos.

Considerando as condições descritas acima, o objetivo do autor passa a ser investigar como as políticas de financiamento da empresa podem ser utilizadas para restringir a possibilidade de a administração perseguir os próprios objetivos quando possui informações que os acionistas não possuem. Em outros termos, procura-se uma combinação de capital de terceiros e capital próprio capaz de minimizar os problemas do sub e do superinvestimento, maximizando, desta forma, o valor da corporação.

10.2. Condições do modelo

Descrevem-se, nesta seção, as condições principais estabelecidas por Stulz (1990) para o desenvolvimento do modelo apresentado em seguida. Os leitores não interessados no desenvolvimento analítico/matemático da teroria podem ignorar as próximas seções, remetendo-se aos resumo dos resultados apresentados no Capítulo 2, item 10.8. Para facilitar a compreensão, as condições são decritas esquematicamente, como segue.

i) O modelo é desenvolvido em três datas: 0, 1 e 2. Em cada uma delas os mercados financeiros estão funcionando.

ii) Os ativos da empresa existentes na data 0 geram um fluxo de caixa de liquidação *R* aleatório e não negativo.

iii) A empresa pode levantar recursos financeiros em 0 e 1.

iv) A empresa possui oportunidades de investimento em 1, mas não em 0. Assume-se que, na data 0, só é possível aplicar os fundos disponíveis em títulos livres de risco, com VPL zero.

v) Os recursos que podem ser investidos na data 1 e que excedem *R* são obtidos na própria data 1.

vi) O valor do financiamento líquido da empresa em 1 é *N*, calculado como o montante de recursos levantados menos o montante de recursos pagos. Se $N > 0$, a empresa capta recursos em 1, através da emissão de dívidas ou de novas ações, o que lhe permite investir mais do que *R*. Se $N < 0$, a empresa abate parte de suas dívidas ou distribui dividendos entre seus acionistas.

vii) O não pagamento de dívida em 1 acarreta a liquidação da empresa. Seu valor de liquidação, então, é *R*, e são perdidas as oportunidades de investimento.

viii) Se a empresa não se tornar insolvente em 1, será liquidada em 2.

ix) Para melhor distinguir entre dívidas e capital próprio, assume-se que a insolvência em 2 está associada a um custo de falência arbitrariamente pequeno mas estritamente positivo, resultando em perda de valor na liquidação. Por esta razão, a empresa nunca emitirá dívidas a não ser que elas resultem em algum tipo de vantagem sobre a emissão de ações de forma a, pelo menos, compensar o custo de falência.

x) *R* é definido como líquido de pagamentos para os gestores, os quais, portanto, não podem expropriá-lo.

xi) *R* é uma variável aleatória não negativa com distribuição cumulativa de probabilidade $G(R)$ e densidade diferenciável $g(R)$, tal que $g(R) > 0$ para todo *R*, onde $\infty > R > 0$.

xii) Os investimentos realizados pela firma em 1 são representados por *I*. Nem *I* nem *R* são observados pelos investidores externos em 1.

xiii) Os contratos de incentivos (contratos de remuneração por desempenho, por exemplo) construídos para alinhar os interesses dos gestores com os dos acionistas têm alcance limitado. Esta imperfeição contratual é uma condição necessária para a existência do problema de agência descrito no modelo. A validade desta suposição no mundo real tem sido confirmada por diversos trabalhos empíricos, como os de Hallock & Oyer (1999), Jensen & Murphy (1990a e 1990b) e Baker, Jensen & Murphy (1988). Bertrand & Mullainathan (2000), Hall & Murphy (2000) e Holmstrom (1999), entre outros, por sua vez, apresentam novos desdobramentos teóricos do tema.

xiv) Os acionistas externos não têm condições de formar uma coalizão para forçar a liquidação da empresa antes da data 2. Antes de 2, a liquidação só poderá ocorrer por motivo de insolvência.

xv) Os gestores aumentam sua utilidade com consumos não produtivos e estes consumos são uma função exclusivamente do investimento realizado em 1.

xvi) Cada unidade de investimento gera um montante não estocástico e positivo de consumos não produtivos para os gestores e este montante é uma função crescente do VPL do investimento. Esta suposição assegura que os gestores investirão primeiro nos projetos com maiores VPLs. Segundo o autor, caso o referido montante fosse estocástico, mas positivamente correlacionado com o VPL do investimento, os resultados permaneceriam inalterados.

xvii) Os gestores recebem uma remuneração fixa e não possuem participação acionária na empresa. Esta condição tem como objetivo estabelecer que nenhuma recompensa monetária em 2 pode suplantar o incentivo para que a administração procure investir o máximo possível em 1.

xviii) Os resultados (*payoffs*) dos investimentos são líquidos de quaisquer consumos não produtivos (mordomias etc.).

xix) O resultado (*payoff*) esperado em 2 do investimento realizado em 1 é Z por unidade monetária para as primeiras I^* unidades investidas e Y por unidade em excesso a I^*.

xx) O resultado, ou produto, do investimento realizado em 1 é distribuído entre os acionistas em 2, por ocasião da liquidação da empresa.

xxi) A taxa de juros é zero. Esta condição é apenas uma simplificação algébrica utilizada para facilitar a exposição e em nada afeta os resultados.

xxii) $Z > 1$ e $Y < 1$, onde Z é o *payoff* da parcela do investimento com VPL positivo e Y é o *payoff* da parcela do investimento com VPL negativo.

xxiii) Os investido res são neutros em relação ao risco.

xxiv) Os acionistas acreditam que os gestores investirão todo o fluxo de caixa disponível em 1 e, se puderem, procurarão levantar recursos adicionais para investir ainda mais nesta data.

xxv) Os gestores não emitirão dívida em 0 para ser paga em 1 a não ser que sejam forçados a fazê-lo, pois não querem correr o risco de perder o emprego em 1 em razão da insolvência da empresa.

xxvi) Os gestores estão dispostos a emitir dívidas em 1 para ser pagas em 2 ou a emitir ações em 1.

xxvii) Se $N < 0$, os gestores pagam fundos em 1. Se este pagamento for para os credores da empresa, será igual ao valor de face das dívidas emitidas em 0 (F).

xxviii) Os gestores só podem levantar fundos com a permissão dos acionistas existentes.

10.3. OS CUSTOS DO SUBINVESTIMENTO E DO SUPERINVESTIMENTO

A primeira formulação do modelo de Stulz (1990) diz respeito a uma empresa sem acesso aos mercados de capitais, ou seja, cujos únicos recursos para investimento em 1 são os gerados internamente (gerados pelos ativos existentes na data 0). Neste caso, o valor da empresa será dado por

$$V = I^*(Z-1) + E(R) - \int_{I^*}^{\infty} (R - I^*)(1-Y)\,g(R)\,dR$$
$$- \int_0^{I^*} (I^* - R)(Z-1)\,g(R)\,dR \qquad (2.9)$$

onde V é o valor da empresa. O primeiro termo em (2.9) representa o VPL do montante I^* investido no bom projeto, cujo *payoff* é Z, conforme comentado na condição xix apresentada na seção anterior. $E(R)$ é o valor presente da esperança[4], avaliada na data 2, do fluxo de caixa R gerado pelos ativos existentes da empresa em 0. Deve-se notar que, conforme a condição xxi, a taxa de juros é igual a zero e, por isso, o valor na data 0 é igual ao valor na data 2. $I^*(Z - 1) = E(R)$ representam o valor da empresa quando os gestores trabalham para maximizar a riqueza dos acionistas. Neste caso, se o fluxo de caixa R exceder I^*, a administração pagará o excesso na forma de dividendos aos acionistas. Caso contrário, ou seja, quando $R < I^*$, a empresa tomará recursos, de forma a assegurar que a oportunidade de investimento com VPL positivo seja plenamente explorada.

Neste modelo, entretanto, o objetivo da administração é a maximização do investimento, e não da riqueza dos acionistas. Os gestores podem perseguir seus objetivos porque os acionistas externos não observam o verdadeiro fluxo de caixa à disposição da administração nem suas reais decisões de investimento. Os custos associados a estes comportamentos são captados pelos dois últimos termos em (2.9). O terceiro termo corresponde ao custo do superinvestimento, dado pelo VPL esperado pelos acionistas do investimento em excesso a I^*, o qual será negativo (*payoff* igual a *Y, com* $Y < 1$). O superinvestimento ocorrerá quando $\infty > R > I^*$, resultando em

$$\int_{I^*}^{\infty} (R - I^*)(1 - Y)g(R)dR \equiv E[(R - I^*)(1 - Y)] \qquad (2.10)$$

onde $g(R)$ é a função densidade de probabilidade associada à variável aleatória R observada pelos acionistas externos da empresa.

O quarto termo de (2.9) refere-se ao custo do subinvestimento, refletindo a impossibilidade de a empresa aproveitar integralmente, uma vez que não possui acesso aos mercados de capitais, sua oportunidade de investimento com VPL positivo. O subinvestimento ocorrerá quando $I^* > R > 0$, fazendo com que a firma perca o montante esperado

$$\int_{0}^{I^*} (I^* - R)(Z - 1)g(R)dR \equiv E[(I^* - R)(Z - 1)] \qquad (2.11)$$

correspondendo ao VPL esperado da parcela do bom projeto que deixará de ser aproveitada, reduzindo, assim, o valor de I^* $(Z\text{-}1)$.

---

[4] $E(R) \equiv \int_0^{\infty} Rg(R)dR$, onde $\infty > R > 0$.

Segundo Stulz (1990), a política de financiamento da empresa pode ser utilizada para reduzir ambos os custos descritos em (2.10) e (2.11), porém não é possível minimizá-los simultaneamente. Se os acionistas permitirem aos gestores o levantamento de fundos na data 1, aumentará a probabilidade de a empresa exaurir todas as boas oportunidades de investimento disponíveis, reduzindo, desta forma, o problema apresentado em (2.11). Porém, isto aumentará a probabilidade de a administração investir em maus projetos (VPL < 0), como mostra (2.10). No caso oposto, se os acionistas puderem obrigar os gestores a distribuir fundos em 1 através do pagamento de dívidas, reduzir-se-á o custo esperado do superinvestimento, mas aumentará o problema potencial do subinvestimento.

10.4. O caso do financiamento líquido positivo

Nesta seção, discute-se o caso de uma empresa com acesso aos mercados de capitais e estabelecem-se as condições necessárias para que os acionistas permitam o aporte de recursos para investimentos na data 1, isto é, as condições para que $N > 0$ (ver condição vi na Capítulo 2, item 10.2). Os recursos captados pela firma em 1 podem provir tanto da emissão de dívidas em 1 quanto do lançamento de novas ações na mesma data. Como a empresa será liquidada na data 2, emitir dívidas em 1 com vencimento em 2 não afetará as decisões de investimento dos gestores[5]. Deste ponto de vista, portanto, é indiferente se o financiamento advém do capital de terceiros ou do capital próprio. Não obstante, a condição ix em 10.2 estabelece um custo arbitrário, porém positivo, de falência em caso de insolvência na data 2. Por esta razão, será do interesse do acionista que a empresa capte recursos em 1 apenas através da emissão de ações[6]. No caso em questão, o valor da empresa na data 0 como função do financiamento líquido positivo N, $V(N)$, é dado por

$$V(N) = \int_{I^*-N}^{\infty}\left[\left(R+N-I^*\right)Y + I^*Z\right]g(R)\,dR$$

$$+\int_{0}^{I^*-N}(R+N)Zg(R)\,dR - N \qquad (2.12)$$

A equação (2.12) mostra o valor da empresa como o valor presente esperado do investimento nas boas e nas más oportunidades disponíveis líquido dos recursos captados em 1. O último termo (N) representa o valor presente do montante que os

---

[5] Apenas as dívidas emitidas em 0 com vencimento em 1 afetarão as decisões dos gestores. Este caso será analisado na próxima seção.

[6] Stulz (1990) argumenta que a inexistência de custos de falência deixaria os resultados do modelo inalterados se a dívida emitida em 1 com vencimento em 2 for vista como um título com as mesmas características de uma ação.

fornecedores dos recursos (neste caso os acionistas) esperam receber de volta na data 2, o qual é igual ao valor disponibilizado para a empresa em 1, visto que os acionistas são neutros em relação ao risco (condição xxiii) e que a taxa livre de risco é igual a zero (estas suposições, não implicam perda de generalidade e podem ser relaxadas sem impactos significativos)[7].

O primeiro termo de (2.12) indica que, quando , $\infty > R > I^* - N$ haverá superinvestimento. Uma parcela dos recursos igual a I^* será aplicada na oportunidade de investimento com VPL positivo, gerando um valor presente esperado

$$\int_{I^*-N}^{\infty} I^* Z g(R) dR \equiv E\left(I^* Z\right) \qquad (2.13)$$

Entretanto, o montante que excede I^* será investido no projeto com VPL negativo, gerando um valor presente esperado igual a

$$V(N) = \int_{I^*-N}^{\infty} \left(R + N - I^*\right) Y g(R) dR \equiv E\left[\left(R + N - I^*\right) Y\right] \qquad (2.14)$$

No segundo termo de (2.12) tem-se que $I^* - N > R > 0$, ocasionando um problema de subinvestimento. Neste caso, o montante disponível $R + N$ será inteiramente investido no bom projeto, produzindo o valor presente esperado

$$\int_{0}^{I^*-N} (R + N) Z g(R) dR \equiv E\left[(R + N) Z\right] \qquad (2.15)$$

Porém, como se observa, este montante é insuficiente para que se aproveitem todas as boas oportunidades disponíveis. Os valores esperados componentes de *V(N)* são os observados pelos acionistas externos a partir da distribuição de probabilidade dos valores de *R* por eles percebida, bem como de seu conhecimento acerca das oportunidades disponíveis para a empresa no mercado. No modelo de Stulz (1990), os acionistas não recebem nenhuma nova informação na data 1 na qual poderiam condicionar o montante de recursos que autorizam os gestores a captar. Assim, o valor de *N* que maximiza o valor da empresa para seus acionistas existentes, N^*, é conhecido na data 0.

[7] As formulações do valor total da empresa apresentadas em (2.9) e (2.12) são exatamente equivalentes, apenas com o acréscimo, em (2.12), da variável *N*. Quando se quer representar *V* a partir do valor presente líquido esperado dos investimentos é necessário incluir o termo $E(R)$, desnecessário quando a formulação tem por base o valor presente total esperado dos projetos. Esta equivalência decorre do fato de que o montante *R* é integralmente investido pelos gestores. Portanto, quando *N* = 0, as equações (2.9) e (2.12) são idênticas.

Para que os acionistas permitam aos gestores o levantamento de recursos no mercado em 1, uma condição necessária e suficiente é que a derivada do valor da empresa em relação ao financiamento líquido N seja maior do que zero, avaliada em $N = 0$. Neste caso, o valor de $\partial V(N)/\partial N|_{N=0} \equiv V_N(0)$ é dado por

$$V_N(0) = Y[1 - G(I^*)] + ZG(I^*) - 1 > 0 \qquad (2.16)$$

onde $G(I^*)$ corresponde à probabilidade de que o valor de R na data 1 não ultrapasse I^*. Portanto, [1- $G(I^*)$] corresponde à probabilidade de que R será superiora I^*, conduzindo ao superinvestimento[8]. Considerando os valores de $Z > 1$ e $Y < 1$, verifica-se que a soma dos dois primeiros termos de fornece o resultado esperado do investimento de uma unidade monetária adicional disponível para os gestores, os quais a aplicarão no projeto ruim com probabilidade [1- $G(I^*)$] e no bom projeto com probabilidade $G(I^*)$. Se este *payoff* esperado for superior a $1, compensará para os acionistas aumentar os recursos nas mãos dos gestores em pelo menos $1. Se, por outro lado, o *payoff* esperado for menor do que $1, os acionistas beneficiar-se-ão com a redução dos recursos disponíveis para a administração da empresa. Por conveniência de exposição, a demonstração detalhada do resultado mostrado em (2.16) e dos resultados seguintes é descrita no Capítulo 2, item 10.6., para consulta do leitor interessado.

Para uma dada distribuição dos fluxos de caixa $g(R)$ e um conjunto de oportunidades I^*, os acionistas estarão dispostos a aumentar os recursos disponíveis para os gestores à medida que se elevam os valores de Y e Z. Esta relação é mostrada pela Figura 2-4.

[8] Recordando a condição XI em 10.2, tem-se que $G(R)$ é a função de distribuição cumulativa (CDF) da variável aleatória R, com densidade (PDF) igual a $g(R)$, tal que $G(-\infty) = 0$ e $G(\infty) = 1$. Especificamente, como R é não negativo, $G(0) = 0$ e $G(\infty) = 1$. Assim, $G(I^*)$ corresponde à massa de probabilidade até o ponto I^*, ou seja $G(I^*) \equiv \int_0^{I^*} g(R)dR$.

Figura 2-4 – Oportunidades de investimento, emissão de ações e de dívidas

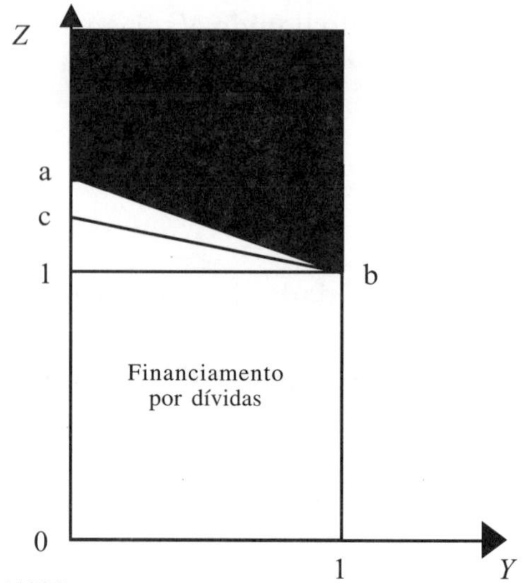

Fonte: Adaptado de Stulz (1990).

A área preenchida na Figura 2-4 corresponde, num exemplo hipotético, à região dentro da qual os acionistas externos permitirão a captação pela empresa de financiamento líquido positivo, por meio da emissão de novas ações. Para um dado valor de *Y*, haverá sempre um valor de *Z* para o qual o financiamento externo parecerá compensador do ponto de vista dos acionistas, independentemente do valor de I^*. Isso significa que, de uma maneira geral, se o projeto com VPL positivo for bom o suficiente ou se o projeto com VPL negativo não for tão ruim, os gestores poderão levantar fundos em excesso aos gerados internamente. Se I^* aumentar, a área preenchida tornar-se-á maior, ou seja, a administração poderá captar recursos para pares (*Y*, *Z*) piores. O segmento (*a*, *b*) separa as regiões de financiamento por dívida (emitida em 0, conforme discutido anteriormente) e por ações (emitidas em 1) para uma dada distribuição de probabilidade do fluxo de caixa *R*. Se a probabilidade de a empresa apresentar fluxo de caixa em excesso a I^* diminuir, a região preenchida aumentará, deslocando-se, por exemplo, até o segmento (*c*, *b*). Não obstante, mesmo quando a probabilidade de fluxo de caixa livre (em excesso a I^*), como definido por Jensen (1986) no Capítulo 2, item 9.4.1, é baixa, os acionistas podem não permitir o financiamento externo, dependendo dos valores (*Y*, *Z*), como mostra a Figura 2-4. O caso contrário também pode ocorrer, ou seja, a empresa poderá captar, em certos casos, mesmo quando é elevada a probabilidade de ocorrência de fluxo de caixa livre. Por esta razão, argumenta Stulz (1990), a informação sobre a probabilidade de fluxo de caixa livre não é uma estatística suficiente para determinar a extensão do problema de sub ou superinvestimento de uma empresa. Ela deve ser considerada conjuntamente com os produtos marginais dos investimentos, Y e Z. A demonstração formal destes resultados consta do Capítulo 2, item 10.6.

10.5. A estrutura de capital ótima

No modelo de Stulz (1990), a função do endividamento é disciplinar as ações dos gestores da empresa, inibindo sua discricionariedade na alocação dos recursos disponíveis, uma vez que eles, na condição de agentes não perfeitos (ver Capítulo 2, item 9.1), tenderão a comportar-se de forma não alinhada com os interesses dos acionistas. Sendo assim, só é do interesse dos acionistas que a empresa emita dívidas em 0 (para que sejam pagas na data 1), nos casos em que esta medida é benéfica para os mesmos. A emissão de dívidas em 0 implica que fundos serão distribuídos ao invés de captados em 1, ou seja, que $N < 0$. Em resumo, o papel do endividamento, aqui, é o de uma forma de comprometimento dos gestores com o desembolso líquido de fundos no futuro. A força deste comprometimento está associada ao não interesse, por parte dos gestores, na insolvência da empresa em 1, caso em que eles perderiam seus empregos.

A necessidade de desembolso em 1 pode beneficiar os acionistas quando os custos esperados da discricionariedade da administração são relativamente altos. Os possíveis custos associados ao endividamento, por sua vez, referem-se ao risco de falência em 1, resultando na perda das oportunidades de investimento, e ao aumento da probabilidade de que nem todos os bons projetos poderão ser aproveitados.

A condição xxv, em 10.2, atesta que não é do interesse dos gestores a emissão de dívida em 0, a qual deixa-os expostos ao risco de perda do cargo por motivo de insolvência em 1. Por isso, para que $N < 0$, os acionistas precisam obrigar a administração a tomar emprestado em 0. Stulz (1990) discute, então, alguns mecanismos que poderiam contribuir para este fim.

Os acionistas podem forçar os gestores a emitir dívida em 0 se seus custos de ação coletiva nesta data forem suficientemente pequenos e menores do que os mesmos custos em 1. Isto pode ocorrer, por exemplo, porque, no período inicial das atividades da empresa, os gestores não estarão tão bem entrincheirados como nos períodos subseqüentes. Em outras palavras, é provável que, em 1, a administração tenha desenvolvido mecanismos para dificultar as ações prejudiciais a seus interesses potencialmente praticadas pelos acionistas.

Outro mecanismo que pode obrigar os gestores a alavancar financeiramente a empresa em 0 é o receio de uma compra hostil. Se a estrutura da capital da empresa não for a ideal, seu valor de mercado não estará maximizado. Aproveitando-se desta deficiência, compradores hostis alavancados podem realizar o *takeover* e destituir a gerência[9]. O receio da ação hostil do mercado poderá servir, então, como um estímulo para que a administração concorde em restringir espontaneamente sua liberdade de ação através da emissão de dívidas na data 0.

Independentemente de como os gestores possam ser compelidos a endividar a empresa na data 0, o modelo mostra que a emissão de um montante de dívida igual a F com vencimento em 1 pode influenciar significativamente seu valor. Se F é pago na data 1, corresponderá ao total do financiamento líquido negativo da firma, ou seja, $F = -N$ (condição xxvii). Os casos de financiamento líquido positivo e negativo não são simétricos porque, ao contrário do descrito na seção anterior, quando $N < 0$ existe a possibilidade de insolvência em 1, com o não pagamento de F, acarretando a perda das oportunidades disponíveis de investimento.

Assume-se que o montante disponibilizado para a empresa em 0 em razão do empréstimo tomado será integralmente distribuído para os acionistas por meio do pagamento de um dividendo (ver condições iv e v no Capítulo 2, item 10.2 para a compreensão desta suposição).

O valor da empresa em 0, incluindo o dividendo a ser pago mencionado no parágrafo anterior, é expresso como uma função de F e dado por

$$\int_0^{I^*-N} (R+N)Zg(R)\,dR \equiv E\left[(R+N)Z\right]$$

$$-\int_{F+I^*}^{\infty} \left(R-F-I^*\right)(Z-1)\,g(R)\,dR \qquad (2.17)$$

O autor utiliza em (2.17) uma definição do valor similar à utilizada em (2.9). $V(F)$ é composto pelo valor presente da esperança do fluxo de caixa gerado pelos ativos existentes desde o início das atividades da empresa, $E(R)$, somado aos VPLs esperados dos investimentos no bom e no mau projeto.

O segundo termo da equação corresponde ao VPL esperado do investimento no projeto com VPL negativo, reduzindo, desta feita, o valor da empresa. Este

[9] Uma extensa literatura vem sendo produzida sobre a ação disciplinadora dos mercados de capitais e seu impacto sobre o valor das empresas. Citam-se, como exemplo, os trabalhos de Hasbrouk (1985), Stulz (1988), Lang, Stulz & Walkling (1991), Servaes (1991) e Carroll, Griffith & Rudolf (1999).

é o custo associado ao superinvestimento, o qual ocorrerá quando , $\infty > R > F$ na forma

$$\int_{F+I^*}^{\infty} \left(R - F - I^*\right)\left(1 - Y\right) g\left(R\right) dR \equiv E\left[\left(R - F - I^*\right)\left(1 - Y\right)\right] \tag{2.18}$$

O terceiro termo representa o VPL esperado do investimento no projeto criador de riqueza (VPL positivo), para , $\infty > R > F$ representando também o problema de um possível subinvestimento, uma vez que a empresa só começa a investir quando $R > F$. É sabido, porém, que o limite para o investimento nas oportunidades com VPL positivo é I^*, daí a necessidade de um quarto termo descontando do terceiro a parcela do VPL no intervalo $\infty > R > F + I^*$. Tem-se, então

$$\int_{F}^{\infty} \left(R - F\right)\left(Z - 1\right) g\left(R\right) dR - \int_{F+I^*}^{\infty} \left(R - F - I^*\right)\left(Z - 1\right) g\left(R\right) dR \tag{2.19}$$

equivalente a

$$E\left[\left(R - F\right)\left(Z - 1\right)\right] - E\left[\left(R - F - I^*\right)\left(Z - 1\right)\right] \tag{2.20}$$

A equação (2.17) indica que a presença de dívida diminui a probabilidade de a administração investir excessivamente, uma vez que, antes de realizar qualquer investimento, precisa pagar o montante F. Tal benefício da dívida será positivo mesmo quando o fluxo de caixa livre esperado da empresa for negativo. Isto ocorre porque, em qualquer caso, haverá sempre alguma probabilidade de superinvestimento. Quanto aos custos esperados do endividamento, além dos associados à possibilidade de falência em 1, registra-se o aumento da probabilidade de subinvestimento, resultante da incapacidade da empresa de aproveitar todas as boas oportunidades disponíveis, agravada pela necessidade do desembolso de F.

O valor de F a ser escolhido pela empresa deverá ser aquele F^* para o qual o benefício marginal do endividamento é igual ao seu custo marginal, resultando em:

$$\int_{F^*+I^*}^{\infty} \left(1 - Y\right) g\left(R\right) dR = \int_{F^*}^{F^{**}+I} \left(Z - 1\right) g\left(R\right) dR \tag{2.21}$$

O benefício marginal do endividamento aparece no lado esquerdo de (2.21) e corresponde ao decréscimo da probabilidade e, portanto, do custo esperado de superinvestimento, induzido pela presença de F. O custo marginal aparece no lado direito, representado pelo aumento da perda de valor da empresa decorrente do subinvestimento esperado (para uma demonstração formal do resultado mostrado em (2.21), ver Capítulo 2, item 10.6).

A condição necessária e suficiente para a emissão de qualquer montante de dívida pela empresa é que seu benefício marginal supere seu custo marginal quando $F = 0$. Neste caso, reescrevendo (2.21) e definindo a condição para a emissão de dívidas, tem-se

$$Y[1 - G(I^*)] + ZG(I^*) - 1 < 0 \qquad (2.22)$$

A expressão em (2.22) é idêntica à mostrada em (2.16), porém com a desigualdade invertida, indicando que a região onde ocorre o financiamento com capital de terceiros corresponde à área não preenchida na Figura 2-4. Conseqüentemente, as empresas endividadas possuem um conjunto de oportunidades de investimento inferior ao disponível para as empresas não endividadas, resultado de relevância direta para esta pesquisa. Ademais, para um dado par (Y, Z), um aumento da probabilidade de que a empresa apresentará fluxo de caixa livre torna mais atraente e provável a emissão de dívidas. Por outro lado, um aumento de I^* produz o efeito contrário, inibindo o endividamento.

Como corolário da discussão apresentada nesta seção e desenvolvida formalmente em 2.10.6, estabelece-se que, se os acionistas da empresa não permitirem a emissão de novas ações para investimento na data 1, haverá, no máximo, um valor de face finito de dívida F^* a ser pago em 1 que maximiza o valor da empresa (Stulz, 1990).

A Figura 2-5 mostra, como exemplo, o relacionamento do valor da empresa com seu nível de endividamento para conjuntos hipotéticos de parâmetros. A expressão (2.17) é plotada como uma função do valor de face da dívida a ser paga na data 1, F. Assume-se, hipoteticamente, que o fluxo de caixa R distribui-se como uma log-normal com desvio-padrão de 0,01 e que seu valor presente esperado é de \$100. Acrescentou-se a (2.17) uma taxa de juros de 10% ao período apenas para mostrar que a inclusão de juros maiores do que zero não altera os resultados qualitativamente. Assim, o valor esperado de R, $E(R)$, é igual a \$121 na data 2 para que seu valor em 0 seja \$100. Os quatro conjuntos de parâmetros escolhidos aparecem na legenda do gráfico e representam, respectivamente, para cada conjunto, o montante correspondente à boa oportunidade de investimento, I^*, o VPL por unidade monetária do bom projeto $(Z - 1)$ e o VPL por unidade monetária do projeto ruim $(Y - 1)$. Observa-se na Figura 2.5 que os valores de I^* situam-se entre \$40 e \$60, enquanto o valor presente de $E(R) =$ \$100. Portanto, em todos os casos o fluxo de caixa livre esperado é positivo.

Figura 2-5 – Valor de face da dívida e valor da empresa

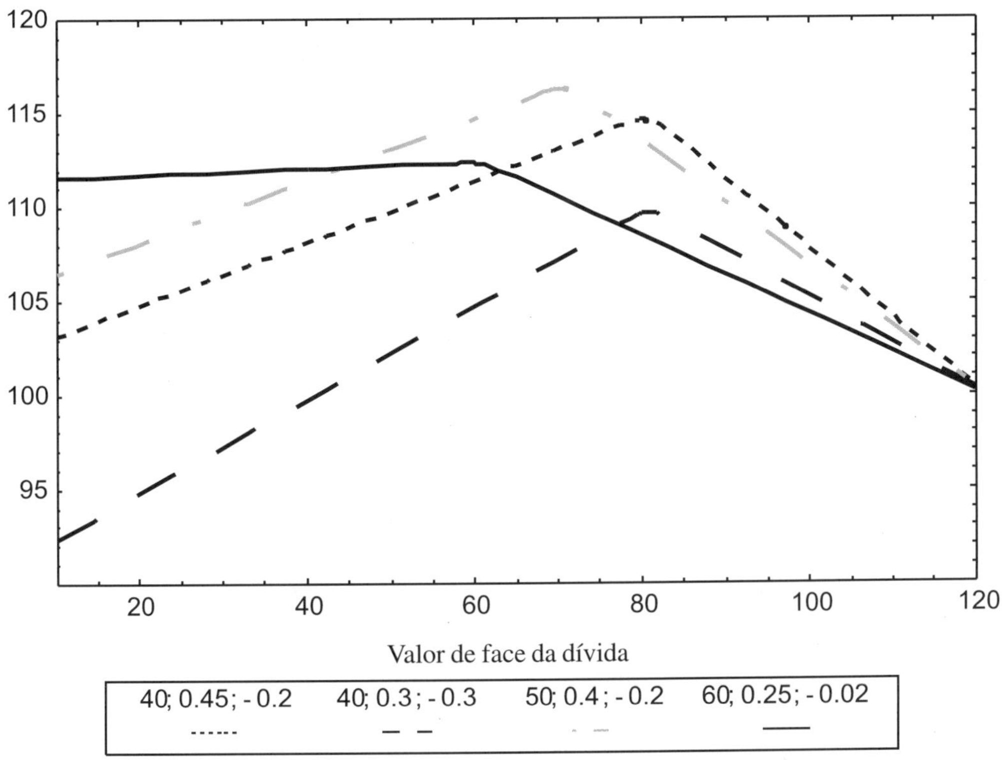

O formato das curvas na figura acima mostra que o endividamento aumenta o valor da empresa, à medida que minimiza o custo esperado do investimento excessivo resultante da aplicação de fluxo de caixa livre em projetos ruins pela administração. Em três dos quatro exemplos pode-se visualizar claramente o nível de endividamento que maximiza $V(F)$. Após o ponto de máximo, o custo esperado do subinvestimento, motivado por um endividamento agora excessivo, passa a ser mais importante do que o problema do superinvestimento, deprimindo o valor da firma. Em um dos casos, porém, o uso do capital de terceiros não traz, virtualmente, nenhum benefício. Isto ocorre quando $I^* =$ \$60, $Z = 1{,}25$ e $Y = 0{,}98$. Embora o fluxo de caixa esperado supere os \$60 que podem ser investidos lucrativamente, a empresa, nesta circunstância, não obterá vantagem significativa com a emissão de dívida porque a combinação de I^*, Z e Y torna suas oportunidades demasiado valiosas, ofuscando o benefício do endividamento. Em outro caso, quando $I^* =$ \$40, $Z = 1{,}3$ e $Y = 0{,}7$ o valor da empresa não endividada é menor do que seu fluxo de caixa esperado trazido a valor presente. A avaliação econômica, aqui, sugeriria a liquidação do negócio. Todavia, como mostra o gráfico, o aumento da alavancagem financeira, refreando os comportamentos destruidores de valor dos gestores, eleva $V(F)$ substancialmente até a região onde ele é superior a \$100, tornando viável o empreendimento. Pode-se observar, por fim, que, após os pontos de máximo, os valores de $V(F)$ convergem para \$100 quando a alavancagem eleva-se a ponto de tornar muito improvável qualquer novo investimento.[10]

10.6. Desenvolvimento matemático do modelo

Neste item, os resultados apresentados em Capítulo 2, itens 10.4 e 10.5 são desenvolvidos analiticamente, explicitando-se as passagens principais e expandindo-se os procedimentos utilizados por Stulz (1990).

Demonstração dos resultados discutidos no Capítulo 2, item 10.4

Desmembrando-se os termos da equação (2.12), pode-se reescrevê-la como

$$V(N)=\int_{I^*-N}^{\infty} RYg(R)dR+\int_{I^*-N}^{\infty} NYg(R)dR-\int_{I^*-N}^{\infty} I^*Yg(R)dR$$
$$+\int_{I^*-N}^{\infty} I^*Zg(R)dR+\int_{0}^{I^*-N} RZg(R)dR+\int_{0}^{I^*-N} NZg(R)dR-N \qquad (2.23)$$

e depois como

$$V(N)=Y\int_0^{\infty} Rg(R)dR-Y\int_0^{I^*-N} Rg(R)dR+NY\int_0^{\infty} g(R)dR$$
$$-NY\int_0^{I^*-N} g(R)dR-I^*Y\int_0^{\infty} g(R)dR+I^*Y\int_0^{I^*-N} g(R)dR$$
$$+I^*Z\int_0^{\infty} g(R)dR-I^*Z\int_0^{I^*-N} g(R)dR+Z\int_0^{I^*-N} Rg(R)dR$$
$$+NZ\int_0^{I^*-N} g(R)dR-N \qquad (2.24)$$

Na análise de otimização deve-se acrescentar à função objetivo a restrição de não negatividade de N ($N \geq 0$). Ter-se-á, então, uma função $F(N;\lambda)$, onde λ é o multiplicador de Lagrange, resultando na mesma expressão mostrada em (2.24) somada ao termo $N\lambda$. Derivando-se a função objetivo restrita em relação a N, estabelece-se a condição de primeira ordem (CPO) para o ponto

[10] A convergência do valor da empresa para o valor presente de quando o endividamento eleva excessivamente a probabilidade de insolvência na data 1 ou, equivalentemente, a probabilidade de que nenhum novo investimento poderá ser realizado, é garantida pela condição vii mostrada no Capítulo 2, item 10.2.

(interior) onde o valor da empresa é máximo (N^*), na forma[11]

$$\left.\frac{\partial V(N)}{\partial N}\right|_{N=N^*} \equiv V_N\left(N^*\right)=Y\left(I^*-N^*\right)g\left(I^*-N^*\right)+Y\int_0^{\infty} g(R)dR$$
$$-Y\int_0^{I^*-N^*} g(R)dR \; +N^*Yg\left(I^*-N^*\right)-I^*Yg\left(I^*-N^*\right)$$
$$+I^*Zg\left(I^*-N^*\right) \; -Z\left(I^*-N^*\right)g\left(I^*-N^*\right)$$
$$+Z\int_0^{I^*-N^*} g(R)dR-N^*Zg\left(I^*-N^*\right)-1+\lambda=0 \qquad (2.25)$$

Rearranjando-se os termos de (2.25) e colocando $g\ (I^* - N^*)$ em evidência, obtém-se

$$V_N\left(N^*\right)=Y\int_{I^*-N^*}^{\infty} g(R)dR+Z\int_0^{I^*-N^*} g(R)dR$$
$$+g\left(I^*-N^*\right)\left[Y\left(I^*-N^*-I^*+N^*\right)+Z\left(I^*-I^*+N^*-N^*\right)\right]$$
$$-1+\lambda=0 \qquad (2.26)$$

A segunda linha de (2.26) é igual a zero. Portanto, tem-se a CPO

$$V_N\left(N^*\right)=Y\int_{I^*-N^*}^{\infty} g(R)dR+Z\int_0^{I^*-N^*} g(R)dR-1+\lambda=0 \qquad (2.27)$$

A expressão (2.27) pode ser reescrita como

$$V_N\left(N^*\right)=Y\left[1-G\left(I^*-N^*\right)\right]+ZG\left(I^*-N^*\right)-1+\lambda=0 \qquad (2.28)$$

Avaliando-se (2.28) no ponto $N = 0$, obtém-se a condição para que os acionistas externos permitam a captação de financiamento líquido positivo na data 1, conforme mostrado no Capítulo 2, item 10.4. A constante indeterminada λ pode ser desprezada por não afetar qualitativamente os resultados da análise.

$$V_N(0)=Y\left[1-G\left(I^*\right)\right]+ZG\left(I^*\right)-1>0 \qquad (2.16)$$

[11] Lembrando que, genericamente, $\frac{\partial}{\partial b}\int_0^{a-b} f(x)dx=-f(a-b)$

A condição anterior é necessária e suficiente porque, como se verá mais adiante, a derivada de segunda ordem $V_{NN}(N)$ é negativa para os valores positivos de N. Por esta razão, o ganho marginal associado ao aumento de N nunca é superior ao registrado no ponto $N = 0$.

A condição de segunda ordem é verificada derivando-se, em relação a N, a expressão em (2.27) a qual pode ser reescrita como

$$V_N(N) = Y\int_0^{\infty} g(R)dR - Y\int_0^{I^*-N} g(R)dR + Z\int_0^{I^*-N} g(R)dR - 1 + \lambda \quad (2.29)$$

Tirando a derivada da expressão acima, obtém-se

$$V_{NN}(N) = Yg(I^* - N) - Zg(I^* - N) \quad (2.30)$$

ou

$$V_{NN}(N) = (Y - Z)g(I^* - N) < 0 \quad (2.31)$$

A expressão em (2.30) será negativa para quaisquer valores não negativos de N, desde que $N < 1$, uma vez que, por definição, $g(I^* - N) > 0$ e $Y < Z$. Uma vez que os acionistas observam as oportunidades rentáveis disponíveis para a empresa, nunca escolherão $N^* \geq I^*$. Portanto, a condição de segunda ordem para um ponto de máximo mantém-se em todos os casos.

Derivando-se (2.29) parcialmente em relação a Z, Y e I^*, obtém-se, de forma direta

$$V_{NZ}(N^*) = G(I^* - N^*) > 0 \quad (2.32)$$

$$V_{NY}(N^*) = 1 - G(I^* - N^*) > 0 \quad (2.33)$$

$$V_{NI^*}(N^*) = (Z - Y)g(I^* - N^*) > 0 \quad (2.34)$$

O resultado obtido em (2.32) significa que o benefício para o acionista oriundo do aumento dos recursos nas mãos dos gestores da empresa eleva-se com o produto marginal do investimento com VPL positivo Z, *ceteris paribus*. Assim, quanto maior for o valor de Z, maior será o montante N disponibilizado para a empresa. O mesmo resultado vale para o *payoff* marginal do projeto com

VPL negativo, Y, e para o montante máximo que pode ser investido em boas oportunidades, I^*.

Similarmente, N^* aumentará quando aumentar a probabilidade de que a empresa não terá fluxo de caixa livre na data 1, ou seja, de que $R \leq I^* - N^*$. Para se visualizar este resultado, pode-se reescrever (2.28) como (mais uma vez desprezando-se λ)

$$V_N\left(N^*\right)=(Z-Y)G\left(I^*-N^*\right)+Y-1 \tag{2.35}$$

Assim, quando a probabilidade de que não haverá fluxo de caixa excedente, $G\ (I^* - N^*)$, aumentar, $V_N\ (N^*)$ também aumentará para um dado valor de N^*. Para manter a condição de primeira ordem válida, então, N^* deve elevar-se (deslocar-se para a direita em seu eixo de valores), uma vez que $V_N\ (N^*) < 0$.

Demonstração dos resultados discutidos no Capítulo 2, item 10.5

Desmembrando-se os termos da equação (2.17), pode-se reescrevê-la como

$$\begin{aligned}
V(F)=&E(R)-(1-Y)\int_0^{\infty} Rg(R)dR+(1-Y)\int_0^{F+I^*} Rg(R)dR\\
&+F(1-Y)\int_0^{\infty} g(R)dR-F(1-Y)\int_0^{F+I^*} g(R)dR+I^*(1-Y)\int_0^{\infty} g(R)dR\\
&-I^*(1-Y)\int_0^{F+I^*} g(R)dR+(Z-1)\int_0^{\infty} Rg(R)dR-(Z-1)\int_0^{F} Rg(R)dR\\
&-F(Z-1)\int_0^{\infty} g(R)dR+F(Z-1)\int_0^{F} g(R)dR-(Z-1)\int_0^{\infty} Rg(R)dR\\
&+(Z-1)\int_0^{F+I^*} Rg(R)dR+F(Z-1)\int_0^{\infty} g(R)dR-F(Z-1)\int_0^{F+I^*} g(R)dR\\
&+I^*(Z-1)\int_0^{\infty} g(R)dR-I^*(Z-1)\int_0^{F+I^*} g(R)dR
\end{aligned} \tag{2.36}$$

De forma análoga à apresentada no início desta seção, determina-se a CPO da função objetivo restrita para um valor de face não negativo da dívida que maximiza o valor da empresa (F^*) como

$$\left.\frac{\partial V(F)}{\partial F}\right|_{F=F^*} \equiv V_F(F^*) = (F^* + I^*)(1-Y)g(F^* + I^*) + (1-Y)\int_0^{\infty} g(R)dR$$
$$-(1-Y)\int_0^{F^*+I^*} g(R)dR - F^*(1-Y)g(F^*+I^*) - I^*(1-Y)g(F^*+I^*)$$
$$-F^*(Z-1)g(F^*) - (Z-1)\int_0^{\infty} g(R)dR + (Z-1)\int_0^{F^*} g(R)dR$$
$$+F^*(Z-1)g(F^*) + (F^*+I^*)(Z-1)g(F^*+I^*) + (Z-1)\int_0^{\infty} g(R)dR$$
$$-(Z-1)\int_0^{F^*+I^*} g(R)dR - F^*(Z-1)g(F^*+I^*)$$
$$-I^*(Z-1)g(F^*+I^*) + \lambda = 0 \qquad (2.37)$$

Rearranjando-se os termos de (2.37), obtém-se

$$V_F(F^*) = \int_{F^*+I^*}^{\infty}(1-Y)g(R)dR - \int_{F^*}^{F^*+I^*}(Z-1)g(R)dR$$
$$+g(F^*+I^*)[(1-Y)(F^*+I^*-F^*-I^*)]$$
$$+g(F^*+I^*)[(Z-1)(F^*+I^*-F^*-I^*)] + \lambda = 0 \qquad (2.38)$$

O terceiro e o quarto termos de (2.38) são iguais a zero. Portanto, para uma solução interior, deixando de lado a constante indeterminada λ, deve haver um valor de F igual a F^*, tal que

$$V_F(F^*) = \int_{F^*+I^*}^{\infty}(1-Y)g(R)dR - \int_{F^*}^{F^*+I^*}(Z-1)g(R)dR = 0 \qquad (2.39)$$

A condição necessária para que compense emitir dívida é que seu benefício marginal supere seu custo marginal (primeiro e segundo termos de (2.39), respectivamente), ou seja

$$\int_{F+I^*}^{\infty}(1-Y)g(R)dR > \int_{F}^{F+I^*}(Z-1)g(R)dR \qquad (2.40)$$

(2.40) pode ser reescrita como

$$(1-Y)\left[1-G(F+I^*)\right] > (Z-1)\left[G(F+I^*)-G(F)\right] \qquad (2.41)$$

e reorganizada na forma

$$-Y\left[1-G\left(F+I^*\right)\right]-Z\left[G\left(F+I^*\right)-G\left(F\right)\right]+1-G\left(F\right)>0 \qquad (2.42)$$

Multiplicando-se (2.42) por -1, tem-se

$$Y\left[1-G\left(F+I^*\right)\right]+Z\left[G\left(F+I^*\right)-G\left(F\right)\right]-1+G\left(F\right)<0 \qquad (2.43)$$

Quando avaliada em $F = 0$, de forma análoga ao mostrado na expressão apresentada em (2.16), (2.43) transforma-se em

$$Y\left[1-G\left(I^*\right)\right]+ZG\left(I^*\right)-1<0 \qquad (2.44)$$

uma vez que $G(0) = 0$. A expressão (2.44) é idêntica à mostrada em (2.16), porém com a desigualdade invertida. Isto evidencia que, ao contrário do caso anterior, o endividamento da empresa, obrigando-a a desembolsar pelo menos \$1 na data 1, será benéfico quando o investimento de \$1 adicional tiver um produto esperado inferior a \$1, ou seja, quando o custo esperado do superinvestimento for mais elevado do que o do subinvestimento.

Para obter-se a derivada de segunda ordem de $V(F)$, pode-se reescrever (2.38) como

$$V_F\left(F\right)=\int_0^{\infty}(1-Y)g\left(R\right)dR-\int_0^{F+I^*}(1-Y)g\left(R\right)dR-\int_0^{F+I^*}(Z-1)g\left(R\right)dR$$
$$+\int_0^{F}(Z-1)g\left(R\right)dR+\lambda \qquad (2.45)$$

e derivá-la em relação a F, obtendo-se

$$V_{FF}\left(F\right)=-(1-Y)g\left(F+I^*\right)-(Z-1)g\left(F+I^*\right)+(Z-1)g\left(F\right) \qquad (2.46)$$

Os termos da expressão acima podem ser reorganizados para obter-se

$$V_{FF}\left(F\right)=(Y-Z)g\left(F+I^*\right)+(Z-1)g\left(F\right) \qquad (2.47)$$

Para uma possível solução interior de máximo, deve-se verificar se o sinal de (2.47) é negativo para um valor específico F^*. O primeiro termo de $V_{FF}(F)$ é sempre negativo para qualquer valor não negativo de F, pois $Y < Z$ e $g(F + I^*) > 0$. O segundo termo, porém, é positivo. Faz-se necessário, assim, verificar, em cada caso, a interação entre eles. Para o caso em que $F^* = 0$, $V_{FF}(0) < 0$.

Para a análise estática comparativa, determinam-se as derivadas parciais de $V_F(F^*)$ em relação aos parâmetros Z, Y e I^*. Os resultados são mostrados abaixo.

$$V_{FZ}\left(F^*\right) = -\int_{F^*}^{F^*+I^*} g(R)dR < 0 \tag{2.48}$$

$$V_{FY}\left(F^*\right) = -\int_{F^*+I^*}^{\infty} g(R)dR < 0 \tag{2.49}$$

Derivando-se (2.45) em relação a I^*, obtém-se

$$V_{FI^*}\left(F^*\right) = -(1-Y)g\left(F^*+I^*\right) - (Z-1)g\left(F^*+I^*\right) \tag{2.50}$$

Colocando $g\,(F^* + I^*)$ em evidência e rearranjando os termos, chega-se a

$$V_{FI^*}\left(F^*\right) = (Y-Z)g\left(F^*+I^*\right) < 0 \tag{2.51}$$

Os valores de $V_{FZ}(F^*)$, $V_{FY}(F^*)$ e $V_{FI^*}(F^*)$ são negativos para qualquer nível não negativo de endividamento. Estes resultados mostram, de forma oposta ao verificado em (2.32), (2.33) e (2.34), que o benefício marginal proporcionado pelo endividamento diminui à medida que melhoram as oportunidades de investimento disponíveis para a empresa. Como se pode observar, melhores oportunidades dependem não apenas de um maior volume de projetos com VPL positivo (I^*) como também de um produto marginal mais atraente para os bons projetos (Z) e um produto marginal menos ruim para os projetos com VPL negativo (Y). Portanto, tudo o mais constante, uma combinação inferior destes parâmetros deverá estar associada a um maior uso de capital de terceiros. É importante ressaltar, todavia, que os resultados da estática comparativa para os casos de financiamento com capital próprio e com dívidas, embora opostos, não são simétricos, dada a natureza diferente destes instrumentos financeiros.

A condição de primeira ordem (CPO) para a otimização de $V(F)$, desprezando-se o multiplicador de Lagrange, pode ser reescrita como (ver expressão (2.41))

$$V_F\left(F^*\right) = (1-Y)\left[1-G\left(F^*+I^*\right)\right] - (Z-1)\left[G\left(F^*+I^*\right) - G\left(F^*\right)\right] = 0 \tag{2.52}$$

A expressão acima indica que $V_F(F^*)$ é decrescente em $G\,(F^* + I^*)$, onde $G(F^* + I^*)$ corresponde à probabilidade de não ocorrência de fluxo de caixa livre ou à probabilidade de subinvestimento, dada uma dívida de F^*. Assim, um aumento de $G(F^* + I^*)$ que não implique um acréscimo mais do que proporcional em $G(F^*)$ necessariamente reduzirá $V_F(F^*)$ e induzirá a uma diminuição do endividamento. O mesmo raciocínio vale para $G(F^*)$, a probabilidade de insolvência da empresa, isto é, quanto maior for a chance de a empresa não conseguir honrar seus compromissos menor deverá ser seu endividamento.

10.7. OUTROS DESDOBRAMENTOS

O núcleo do modelo de Stulz (1990) foi discutido no Capítulo 2 itens 10.3 a 10.5. Não obstante, o autor apresenta ainda alguns desdobramentos importantes do seu corpo teórico.

Uma das extensões da análise da estrutura de capital ótima aponta para a importância da volatilidade do fluxo de caixa da empresa. Depreende-se do modelo que um aumento da incerteza quanto aos possíveis valores futuros de R aumenta a exposição da firma aos problemas de sub e superinvestimento, desta forma elevando seus custos esperados. Por esta razão, pode ser compensador para a empresa adotar políticas redutoras da incerteza associada a seus fluxos de caixa futuros. Tais estratégias podem incluir, por exemplo, a diversificação dos projetos de investimento do negócio, bem como políticas mais ativas de gerenciamento do risco por meio do uso de derivativos. Entretanto, é importante considerar os possíveis impactos destas políticas sobre os produtos esperados dos projetos (Y, Z), de forma a assegurar que seus benefícios não sejam anulados por uma redução muito substancial do retorno esperado dos investimentos.

No modelo discutido até aqui, assume-se que os acionistas externos não observam o fluxo de caixa da empresa nem as decisões de investimento tomadas pelos gestores, mas conhecem suas oportunidades de investimento. Stulz (1990) estende sua análise, num segundo momento, ao caso em que os acionistas conhecem as decisões de investimento e o fluxo de caixa gerado pelo negócio, mas não observam as oportunidades disponíveis para a empresa, invertendo algumas das suposições iniciais. Neste caso, R será determinístico, enquanto I^* será estocástico e não observável. O autor mostra, então, embora sem o mesmo detalhamento do modelo original, que seus resultados principais continuam válidos.

10.8. Resumo

Para Stulz (1990), a estrutura de capital é relevante para a determinação do valor de uma empresa sujeita a assimetria de informações e a problemas de agência entre acionistas externos e administradores. Sua importância decorre do potencial da política de financiamento da empresa como redutora dos custos associados à discricionariedade das decisões dos gestores.

Os custos referidos acima são de dois tipos: um custo associado ao superinvestimento, decorrente da tendência dos gestores a investir excessivamente em certas circunstâncias, e um custo associado ao subinvestimento, decorrente da incapacidade de a empresa aproveitar todas as boas oportunidades disponíveis, motivada pela falta de credibilidade da administração quando alega que necessita de recursos adicionais para aplicar em projetos com VPL positivo.

A emissão de dívida, comprometendo os gestores com o pagamento de recursos no futuro, reduz o custo esperado do subinvestimento, mas aumenta o custo esperado do subinvestimento.

A emissão de ações, aumentando os recursos disponíveis nas mãos da administração, reduz o custo esperado do subinvestimento mas eleva o custo esperado do superinvestimento.

Uma vez que o financiamento da empresa por meio de dívida ou de capital próprio eleva um dos custos comentados nos parágrafos anteriores, mas aumenta o outro, deverá existir uma solução única para a estrutura de capital que maximiza o valor da empresa. Estes resultados são mostrados analiticamente no Capítulo 2, item 10.6.

3

Metodologia da Pesquisa

SAINT PAUL INSTITUTE OF FINANCE

1. Método Utilizado e Tratamento dos Dados

A pesquisa desenvolvida caracteriza-se como descritiva[1] e quantitativa e baseia-se em procedimentos estatísticos cujo objetivo é a produção de inferências para a população objeto a partir das amostras consideradas. Especificamente, utiliza-se a análise de regressão linear do tipo seção transversal (*cross-section*) entre a variável dependente "valor da empresa" e a variável independente "alavancagem financeira". Outras variáveis independentes são utilizadas para efeito de controle, resultando no modelo linear

$$V_i = \alpha + \beta A_i + \delta VC_i + \varepsilon_i \qquad (3.1)$$

onde V_i representa o valor da i-ésima empresa, A_i é sua alavancagem financeira e $\mathbf{VC}_i$ é um vetor coluna k x 1 contendo k variáveis de controle medidas para a i-ésima empresa. α e β correspondem, respectivamente, aos parâmetros de intercepto e coeficiente angular da variável A na reta de regressão, enquanto $\boldsymbol{\delta}$ é um vetor linha k x 1, correspondendo aos coeficientes das k variáveis de controle. O componente não sistemático, ou seja, a parcela de V não explicada pelo modelo, é captado pelo termo de erro ε_i associado a cada empresa.

De cada amostra analisada foram compostos dois grupos distintos. O primeiro reúne as empresas com oportunidades de crescimento com VPL positivo mais elevadas em comparação com o conjunto das firmas. O segundo reúne as empresas com as menores oportunidades de crescimento com VPL positivo pelo mesmo critério. Para caracterizar adequadamente a separação das categorias, as empresas foram divididas em quatro grupos, constando do primeiro aquelas com as maiores oportunidades disponíveis e do último as empresas com as menores oportunidades disponíveis. Trabalhou-se, então, com os grupos 1 e 4, descartando-se os intermediários. Como forma de testar a estabilidade dos resultados, as amostras também foram divididas em três e cinco grupos de empresas, mais uma vez trabalhando-se com os dois extremos e descartando-se os intermediários.

Dois modelos empíricos do tipo mostrado em (3.1) foram construídos para cada amostra, um para cada grupo de empresas. As amostras, por sua vez, foram formadas anualmente no período compreendido entre 1995 e 2000. Portanto, 12

[1] Para uma discussão sobre o método descritivo em comparação com outras formas de investigação científica, ver Martins (1994).

diferentes modelos foram especificados ao todo. Também foram formadas amostras bienais, compreendendo os períodos 2000/1999, 1998/1997 e 1996/1995. Neste caso, seis modelos foram estimados. Assim, o modelo empírico mostrado em (3.1) subdivide-se em

$$V_{i1} = \alpha_1 + \beta_1 A_{i1} + \delta_1 VC_{i1} + \varepsilon_{i1} \quad (3.2)$$

e

$$V_{i2} = \alpha_2 + \beta_2 A_{i2} + \delta_2 VC_{i2} + \varepsilon_{i2} \quad (3.3)$$

onde os subscritos 1 e 2 indicam que as variáveis e os parâmetros referem-se, respectivamente, às empresas componentes dos grupos 1 e 2.

As conclusões da pesquisa baseiam-se no teste estatístico das hipóteses apresentadas no Capítulo 1, item 5. Resumidamente, se os valores calculados dos coeficientes β_1 e β_2 mostrarem-se pouco significantes estatisticamente, não será possível rejeitar a hipótese de que a estrutura de capital não influencia o valor da empresa. Se, por outro lado, ambos os coeficientes revelarem-se significativos, pode-se descartar a hipótese de indiferença. No caso específico em que o sinal de β_1 revele-se negativo e o de β_2 positivo, confirmar-se-ão, ademais, as hipóteses sugeridas por McConnell & Servaes (1995) e baseadas no modelo de Stulz (1990).

Para assegurar a validade das inferências, faz-se necessário garantir a qualidade estatística dos modelos estimados, buscando sua aderência aos pressupostos de um modelo de regressão linear (MRL) da melhor forma possível. Para tanto, são realizadas análises de diagnóstico baseadas em procedimentos de teste e critérios de seleção de modelos. Dentre eles, figuram os testes de heterocedasticidade de Breusch-Pagan e White, o teste de normalidade dos resíduos de Jarque-Bera e o critério de informação de Schwarz. Nos casos em que a qualidade estatística dos modelos não é adequada, mesmo após sucessivas reespecificações, métodos de correção são adotados, incluindo o uso de estimadores alternativos, a exclusão de valores extremos (*outliers*) e o uso de variáveis binárias (*dummy*). Estes e outros procedimentos de análise são descritos no Capítulo 4.

As variáveis de controle, neste contexto, desempenham um papel fundamental. Seu uso visa a garantir a qualidade do modelo estatístico, adequando-o aos pressupostos referidos no parágrafo anterior. O critério para a escolha destas variáveis é a influência que exercem sobre o valor de *V* e de *A*. Por exemplo, se uma variável correlacionada fortemente com *V* ou com *V* e *A* simultaneamente for omitida, a relação entre valor da empresa e alavancagem não será corretamente evidenciada pela regressão. As variáveis de controle servem, então, para filtrar o relacionamento entre as variáveis objeto da análise, isolando as influências de outros elementos.

Na próxima seção, apresenta-se um modelo esquemático da estrutura principal da pesquisa.

2. Modelo Resumido da Pesquisa

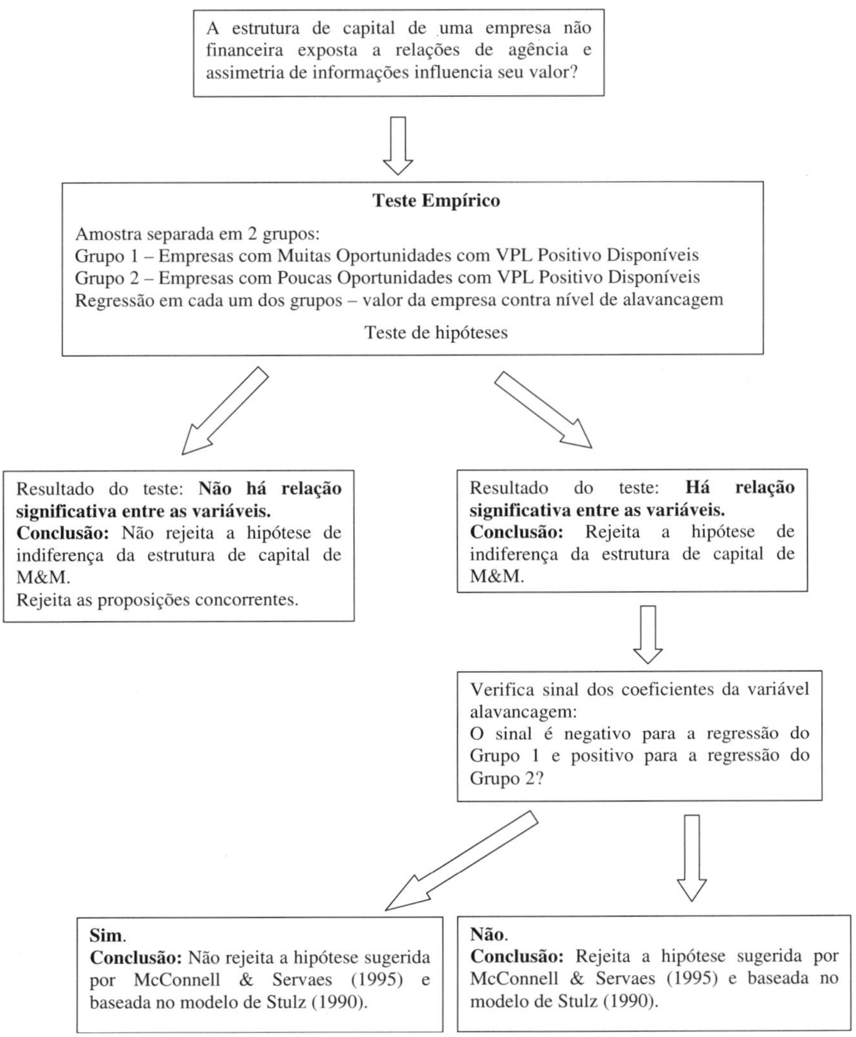

3. DEFINIÇÃO OPERACIONAL DAS VARIÁVEIS

Definições operacionais das variáveis principais:

3.1. VALOR DE MERCADO DA EMPRESA

Pode ser definido de diversas maneiras diferentes. Uma delas utiliza o conceito do Q de Tobin (q), como exposto por Tobin & Brainard (1968) e Tobin (1969), um quociente dado por

$$Q\ de\ Tobin = \frac{Valor\ de\ Mercado\ das\ Ações + Valor\ de\ Mercado\ das\ Dívidas}{Valor\ de\ Reposição\ dos\ Ativos}$$

O uso do Q de Tobin como uma medida aproximada do valor relativo da empresa encontra aceitação crescente na literatura de finanças. Sua aplicação pode ser encontrada nos trabalhos de Morck, Shleifer & Vishny (1988), McConnell & Servaes (1990 e 1995), Bajaj, Chan & Dasgupta (1998), Lang & Stulz (1994) e Lang, Stulz & Walkling (1989), dentre outros, abrangendo áreas de estudo bastante distintas entre si.

O cálculo desta variável, na prática, não obstante, impõe importantes desafios ao pesquisador. Com exceção do valor de mercado das ações, diretamente observável pela cotação destes títulos no pregão da bolsa de valores, os outros componentes da fórmula, quais sejam, o valor de mercado das dívidas e o valor de reposição dos ativos da empresa, não são observáveis diretamente.

O valor de mercado das dívidas, notadamente de longo prazo, de uma empresa não necessariamente é idêntico ao constante de seus registros contábeis. Idealmente, dever-se-ia coletar estas informações em um mercado secundário líquido em que fossem negociadas as dívidas das empresas, nos moldes de um pregão de bolsa de valores. Na ausência de tal mercado, apenas medidas indiretas podem ser estimadas.

O valor de reposição dos ativos é uma medida ainda mais difícil de ser obtida. Pode ser definido, segundo Lindenberg & Ross (1981, p. 12), como o montante de recursos necessário para comprar a atual capacidade produtiva da empresa ao mínimo custo e com a mais moderna tecnologia disponível. Mais uma vez, apenas medidas indiretas podem ser utilizadas como aproximação para este valor.

Um possível procedimento de estimativa indireta, tanto para o valor de mercado das dívidas quanto para o valor de reposição dos ativos de uma empresa, é proposto por Lindenberg & Ross (1981). Outro método é proposto por Lewellen & Badrinath (1997), aperfeiçoando, segundo os autores, o procedimento anteriormente citado. Lee & Tompkins (1999) também contribuem para o tema, apresentando uma versão modificada do método de Lewellen & Badrinath (1997).

Em ambos os casos, são necessários, por exemplo, dados de classificação de risco (*rating*) das dívidas das empresas, bem como dados sobre seus prazos de vencimento, para o cálculo do valor de mercado das mesmas ou o uso de taxas médias de remuneração do capital de terceiros exigidas pelos credores. No caso do valor de reposição dos ativos, entre outras variáveis, medidas estimadas de progresso tecnológico e informações sobre novos investimentos são utilizadas para calcular o valor de reposição dos ativos fixos. Assim, a utilização dos procedimentos mencionados envolve, na melhor das hipóteses, um esforço computacional substancial. Na pior, seu uso torna-se inviável pela não disponibilidade de todos os dados necessários.

Estimar o *q* para empresas brasileiras com base em métodos como o de Lee & Tompkins (1999) mostra-se inadequado, uma vez que os dados necessários só estarão disponíveis para um número reduzido de empresas, tornando o tamanho da amostra insuficiente para os objetivos do trabalho. Por esta razão, algumas aproximações simplificadas são utilizadas, como é o caso da proposta por Chung & Pruitt (1994). Os autores definem o "*q* aproximado" como

$$\text{Q de Tobin} = \frac{VMA + D}{AT}$$

onde *VMA* é o valor de mercado das ações negociadas em bolsa. *VMA* é calculado simplesmente multiplicando-se o número de ações (ordinárias ou preferenciais) da firma por seu preço cotado na bolsa de valores, de forma idêntica aos métodos anteriormente mencionados. *AT* é o ativo total da firma avaliado por seu valor contábil. *D* é definido como

$$D = VCPC - VCAC + VCE + VCDLP$$

onde *VCPC* é o valor contábil dos passivos circulantes da firma, *VCAC* é o valor contábil de seus ativos circulantes totais, *VCE* é o valor contábil dos estoques e *VCDLP* é o valor contábil das dívidas de longo prazo. *D* representa, assim, as dívidas de curto prazo menos os ativos circulantes mais líquidos ($-VCAC + VCE$) somadas ao valor contábil das dívidas de longo prazo da empresa.

Chung & Pruitt (1994) comparam seu método de estimação com o desenvolvido por Lindenberg & Ross (1981), utilizando ambos os procedimentos para dez diferentes amostras de empresas norte-americanas entre os anos de 1978 e 1987. A menor e a maior destas amostras compunham-se, respectivamente, por 1.201 e 1.608 empresas. Seus resultados mostram que, numa regressão da sua estimativa do q contra a estimativa de Lindenberg & Ross (1981), pelo menos (isto é, no pior dos casos) 96,6% do q produzido pelo método de Lindenberg & Ross é explicado pelo q produzido pelo método de Chung & Pruitt (1994). Estes resultados atestam a considerável proximidade dos produtos finais de ambos os procedimentos, servindo como argumento favorável ao uso do método simplificado. Shin & Stulz (2000), por sua vez, sugerem uma definição operacional do q ainda mais simples, usando no numerador apenas o valor de mercado das ações somado ao valor contábil das dívidas da empresa e no denominador o valor contábil do ativo total. Estas e outras estimativas do q com pequenas variações serão utilizadas com o objetivo de testar a robustez dos resultados a diferentes definições operacionais.

Para um levantamento da literatura referente ao Q de Tobin e sobre os procedimentos para seu cálculo, ver Famá & Barros (2000).

3.2. ALAVANCAGEM

Idealmente, seria definida como o percentual das dívidas em relação ao valor de reposição dos ativos, na forma:

$$\text{Alavancagem}(\%) = \frac{\text{Valor de Mercado das Dívidas de Longo Prazo}}{\text{Valor de Reposição dos Ativos}} \times 100$$

Em razão das limitações discutidas na seção anterior, utiliza-se uma definição operacional alternativa, na forma:

$$\text{Alavancagem}(\%) = \frac{\text{Valor Contábil das Dívidas de Longo Prazo}}{\text{Ativo Total}} \times 100$$

ou

$$\text{Alavancagem}(\%) = \frac{\text{Valor Contábil das Dívidas } \textit{Totais}}{\text{Ativo Total}} \times 100$$

O valor contábil das dívidas de longo prazo é definido operacionalmente de duas maneiras. A primeira utiliza a conta exigível de longo prazo no passivo da empresa. A segunda, provavelmente mais adequada para os propósitos do estudo, considera a dívida financeira de longo prazo (*DFLP*), agregando os financiamentos de longo prazo (*FLP*) e as debêntures de longo prazo (*DLP*) na forma $DFLP = FLP + DLP$. O valor contábil das dívidas totais, analogamente, pode ser definido como o exigível total ou como a dívida financeira total (*DFT*), composta pelos financiamentos de curto e longo prazo (*FCP* e *FLP*, respectivamente), pelas debêntures de curto e longo prazo (*DCP* e *DLP*, respectivamente) e pelos adiantamentos de contrato de câmbio (*ACC*), ou seja,

$$DFT = FCP + FLP + DCP + DLP + ACC$$

3.3. Oportunidades de investimentos com VPL positivo

Uma das definições possíveis para esta variável é expressa pela relação preço (cotação de mercado das ações da empresa)/lucro operacional próprio por ação. Tal medida, argumenta-se, fornece uma boa indicação das expectativas dos investidores quanto às possibilidades de expansão rentável da empresa para o futuro. Assim,

$$\text{Oportunidades de Investimentos com VPL Positivo} = \frac{\text{Cotação da Ação}}{\text{Lucro Operacional Próprio por ação}}$$

ou

$$\text{Oportunidades de Investimentos com VPL Positivo} = \frac{\text{Valor de Mercado das Ações}}{\text{Lucro Operacional Próprio da Empresa}}$$

O lucro operacional próprio corresponde ao ganho da empresa antes do pagamento de despesas financeiras e, portanto, não sofre influência de sua estrutura de capital.

Quanto maior for o quociente preço/lucro (P/L), maiores serão as oportunidades disponíveis para futuros investimentos rentáveis, uma vez que o preço da ação, num mercado eficiente, capitaliza as oportunidades de crescimento futuro rentável da empresa. Assim, numa análise comparativa, empresas com alto valor de mercado em relação ao montante dos seus lucros exibem perspectivas de expansão com valor presente líquido positivo mais promissoras.

O uso do índice P/L como indicador das boas oportunidades disponíveis para as empresas é defendido por McConnell & Servaes (1995), dentre outros.

Uma definição operacional análoga à comentada acima seria

$$\text{Oportunidades de Investimentos com VPL Positivo} = \frac{\text{Valor de Mercado das Ações}}{\text{Patrimônio Líquido}}$$

Aqui, compara-se o preço de mercado das ações com o valor histórico do capital próprio. A interpretação deste quociente é similar à proposta para o índice P/L. Sua vantagem, não obstante, é apresentar maior estabilidade temporal, pois é menos afetado pelas oscilações circunstanciais dos lucros. Esta definição é utilizada por Gul (1999), seguindo o trabalho de Chung & Charoenwong (1991). Collins & Kothari (1989) mostram que esta é uma medida adequada das oportunidades de investimento disponíveis para a empresa.

Outra alternativa, bastante explorada na literatura, é a utilização do próprio Q de Tobin como indicador das oportunidades de investimento disponíveis à empresa. Famá & Barros (2000) relacionam diversos trabalhos nos quais o q é interpretado desta forma, utilizando um raciocínio similar ao discutido nos parágrafos anteriores, baseado na comparação entre os valores de mercado das dívidas e do capital próprio e o valor de reposição dos ativos da empresa. Empresas com maiores oportunidades rentáveis apresentarão, em média, valores maiores de q. Esta interpretação da variável encontra-se nos trabalhos de Koch & Shenoy (1999), Klock & Thies (1995) e Lang, Ofek, & Stulz (1996). Blose & Shieh (1997), em especial, apresentam evidências empíricas de que o q médio é um indicador confiável de futuros investimentos de capital rentáveis.

Também foram utilizadas, como definição operacional das oportunidades disponíveis, as médias geométricas das taxas de crescimento do faturamento e do lucro operacional próprio dos últimos cinco anos. Embora menos defensáveis teoricamente, estas definições servem para testar a robustez dos resultados encontrados.

3.4. Variáveis de controle

Relacionam-se abaixo as principais candidatas à composição dos modelos empíricos apresentados no Capítuo 3, item 1, expressões (3.2) e (3.3).

3.4.1. Tamanho da empresa

Investiga-se a influência do tamanho da empresa sobre seu valor relativo e sobre seu nível de endividamento. Pode-se especular, por exemplo, que empresas de maior porte usufruem de condições privilegiadas de crédito e, por isso, tenderiam a apresentar maior endividamento relativo. Trabalhos relacionando tamanho e estrutura de capital incluem Warner (1977) e Nakamura (1992).

Esta variável é definida operacionalmente como o logaritmo natural do valor do ativo total da empresa ou do seu faturamento líquido.

3.4.2. Medidas de rentabilidade

A rentabilidade histórica das empresas pode afetar significativamente seu valor, na medida em que influencia a formação das perspectivas quanto ao seu desempenho futuro e, portanto, seu preço de mercado. Também pode influenciar sua alavancagem financeira, pois empresas lucrativas geram mais recursos internamente para novos investimentos. Por esta razão, empresas mais rentáveis deveriam ser menos alavancadas, tudo o mais constante, segundo argumentam, por exemplo Myers (1984) e Myers & Majluf (1984) (ver Capítulo 2, item 6). Um raciocínio similar é apresentado por Kayo (1997) e por Booth *et al.* (2001) em trabalhos empíricos sobre os determinantes da estrutura de capital das empresas.

Relacionam-se abaixo as medidas de rentabilidade utilizadas.

a) Rentabilidade do Ativo utilizando o Lucro Líquido (RALL), definida como

$$\text{RALL} = \frac{\text{Lucro Líquido}}{\text{Ativo Total}}$$

b) Rentabilidade do Patrimônio Líquido (RPL), definida como

$$\text{RPL} = \frac{\text{Lucro Líquido}}{\text{Patrimônio Líquido}}$$

c) Rentabilidade do Ativo utilizando o Lucro Operacional (RALO), definida como

$$RALO = \frac{\text{Lucro Operacional}}{\text{Ativo Total}}$$

d) Rentabilidade do Ativo utilizando o Lucro Operacional Próprio (antes de despesas financeiras) (RALOP), definida como

$$RALOP = \frac{\text{Lucro Operacional Próprio}}{\text{Ativo Total}}$$

e) Rentabilidade de Ativo utilizando o Lucro Antes de Juros, Imposto de Renda (LAJIRDA), Depreciação e Amortização (RALAJIRDA) , definida como

$$RALAJIRDA = \frac{\text{LAJIRDA}}{\text{Ativo Total}}$$

3.4.3. Dividendos

As relações entre política de dividendos, valor da empresa e estrutura de capital têm sido intensamente exploradas na literatura de finanças, desde os trabalhos pioneiros de Modigliani & Miller (1961), Walter (1963) e Lintner (1964)[2] e passando por contribuições mais recentes, como as apresentadas por Miller & Rock (1985), La Porta *et al.* (1998), Gul (1999) e Koch & Shenoy (1999), por exemplo. Embora Modigliani & Miller (1961) propugnassem a indiferença da política de dividendos para a determinação do valor da empresa, os estudos mais modernos tendem a sustentar sua relevância e seu significativo relacionamento com a estrutura de capital. A intensidade e direção destas relações, não obstante, são, ainda, objeto de controvérsia entre os pesquisadores.

Procurou-se captar a influência dos dividendos através de duas variáveis.

[2] Estes artigos estão reproduzidos em Archer & D'Ambrosio (1967).

a) Índice *Payout*, definido como

$$Payout = \frac{\text{Dividendos Propostos na DOAR}}{\text{Lucro Líquido}}$$

onde DOAR é a Demonstração das Origens e Aplicações de Recursos do período.

b) Dividendo pago no período sobre ativo (DivPag), definido como

$$\text{DivPag} = \frac{\text{Soma dos Dividendos Pagos no Período}}{\text{Ativo Total}}$$

3.4.4. Setor

Empresas pertencentes a diferentes setores de atividade econômica possuem características peculiares que podem influenciar significativamente seu valor e sua estrutura de capital. Se nem todas estas peculiaridades relevantes são captadas pelas demais variáveis do modelo, deve-se isolar seus efeitos através do uso de variáveis categóricas. Diversos trabalhos, notadamente de natureza empírica, relacionam estrutura de capital e características setoriais. Varela & Limmack (1998), por exemplo, mostram que efeitos setoriais são importantes na determinação dos níveis de endividamento das empresas do Reino Unido, enquanto Ghosh & Cai (1999) chegam a conclusões similares a partir de dados norte-americanos. Outras pesquisas são apresentadas por Bowen, Daley & Huber (1982) e Gupta (1969), dentre outros.

Optou-se, neste trabalho, pelo uso de variáveis binárias (*dummy variables*) para representar os diferentes setores. Elas assumem o valor 1 para as empresas que pertencem ao setor específico e 0 para as pertencentes aos demais setores. Duas classificações setoriais são adotadas. A primeira é fornecida pelo sistema da Economática Ltda. A segunda toma por base os critérios do Standard Industrial Code (SIC) norte-americano na classificação Division[3]. Conquanto classificações mais detalhadas estivessem disponíveis, seu uso comprometeria a confecção dos modelos em razão do excesso de variáveis independentes, tendo em vista que, se existem *m* setores, devem ser construídas pelo menos *m* - 1 variáveis *dummy*. Dificuldades desta natureza são discutidas com mais detalhe no Capítulo 4.

[3] As classificações do SIC disponíveis no banco de dados utilizado são:. Division, Major Group e Industry Group, em ordem crescente de detalhamento.

3.4.5. OUTRAS

Outras variáveis são mencionadas na literatura científica como determinantes da estrutura de capital ou do valor da empresa. Dentre estas, as relacionadas abaixo foram consideradas boas candidatas, *a priori*, para melhorar a qualidade dos modelos estatísticos.

a) Despesas com vendas em relação aos ativos totais (DV), como uma medida aproximada do grau de singularidade da empresa. Embora seja uma aproximação um tanto crua, esta variável assume que empresas com elevadas despesas de marketing são mais singulares, no sentido empregado por Titman (1984) e Balakrishnan & Fox (1993) e discutido no Capítulo 2, item 7. Argumentam estes e outros autores, a exemplo de Williamson (1988), que empresas mais singulares serão menos alavancadas, *ceteris paribus* (ver Capítulo 2 item 7, para uma apresentação intuitiva do argumento). Ademais, o relacionamento entre DV e o valor relativo da empresa revelou-se significativo em alguns trabalhos empíricos, a exemplo do atribuído a McConnell & Servaes (1995). Aproximações mais completas, do ponto de vista teórico, deveriam incluir despesas com pesquisa e desenvolvimento e com publicidade. Todavia, tais informações não estão disponíveis. Por esta razão, esta pesquisa segue a definição operacional sugerida por Kayo (1997), na forma

$$DV = \frac{\text{Despesas com Vendas}}{\text{Faturamento Líquido}}$$

ou

$$DV = \frac{\text{Despesas com Vendas}}{\text{Ativo Total}}$$

b) Grau de imobilização do ativo. Alguns pesquisadores sugerem que esta variável pode influenciar a alavancagem, pois empresas com alto grau de imobilização possuem mais garantias reais para oferecer aos credores, desta forma usufruindo de condições de crédito privilegiadas, conforme argumentam Titman & Wessels (1988).

$$IMOB = \frac{\text{Ativo Imobilizado}}{\text{Ativo Total}}$$

Nesta linha, uma definição alternativa para a representação do valor colateral dos ativos (VCA) toma a forma

$$VCA = \frac{\text{Ativo Imobilizado + Estoques}}{\text{Ativo Total}}$$

uma vez que os estoques também podem cumprir o papel de garantia real das dívidas da empresa.

c) O valor de mercado das ações da empresa sobre seus ativos totais (VAA) ou sobre seu patrimônio líquido (VAPL). O uso desta variável justifica-se porque empresas com ações relativamente mais valorizadas podem apresentar níveis de endividamento significativamente diferentes dos associados às empresas cujas ações são relativamente menos valorizadas. Da mesma forma, VA pode influenciar o valor da empresa, assim como a alavancagem o faz, se houver alguma vantagem ou desvantagem associada ao financiamento através do capital próprio. A variável pode ser definida como

$$VAA = \frac{\text{Valor de Mercado das Ações}}{\text{Ativo Total}}$$

ou

$$VAPL = \frac{\text{Valor de Mercado das Ações}}{\text{Patrimônio Líquido}}$$

4. População, Amostragem e Coleta dos Dados

A população objeto da análise é composta por todas as empresas não financeiras com ações negociadas regularmente na Bolsa de Valores de São Paulo (Bovespa) e na Sociedade Operadora do Mercado de Ativos (Soma). É importante para a análise que as ações das empresas da amostra sejam negociadas com alguma regularidade, uma vez que dados de preço de mercado são utilizados. Para empresas muito pouco líquidas, torna-se difícil assumir que as cotações refletem aceitavelmente o valor do título.

A fórmula utilizada para o cálculo da liquidez das ações (*LA*) é dada por

$$LA = 100 \times \frac{p}{P} \times \sqrt{\left(\frac{n}{N}\right) \times \left(\frac{v}{V}\right)} \qquad (3.4)$$

onde

p = número de dias em que houve pelo menos um negócio com a ação dentro do período escolhido

P = número total de dias do período escolhido

n = número de negócios com a ação dentro do período escolhido

N = número de negócios com todas as ações dentro do período escolhido

v = volume de negócios (em dinheiro) com a ação dentro do período escolhido

V = volume de negócios (em dinheiro) com todas as ações dentro do período escolhido

A medida de liquidez apresentada em (3.4) é utilizada pelo sistema Economática Ltda., de cuja base de dados foi extraída a maior parte das informações sobre as empresas objetos da pesquisa. Critérios similares de liquidez têm sido utilizados em outros trabalhos no Brasil, a exemplo do de Paula Leite & Sanvicente (1995). Com base em *LA*, pode-se definir um número de corte para a inclusão das empresas, deixando de lado papéis muito pouco negociados.

São utilizados dados secundários referentes ao valor de mercado das ações (valor médio ao longo do ano), disponíveis na Bovespa e na Soma. Também foram coletados dados contábeis referentes ao valor das dívidas de longo prazo, aos lucros das firmas e às demais variáveis pertinentes, retirados das demonstrações contábeis das empresas selecionadas publicadas trimestralmente nos anos de 1995 a 2000. Estas informações estão disponíveis no banco de dados da Economática Ltda. A escolha de mais de um ano tem como objetivo verificar a estabilidade dos resultados de um período para outro. Nota-se que todos os anos considerados são posteriores à estabilização da economia brasileira, excluindo, assim, possíveis influências espúrias sobre os dados associadas ao ambiente econômico anterior à estabilização.

4.1. Amostragem

A escolha dos períodos nos quais os dados serão coletados para as empresas não financeiras negociadas regularmente na Bovespa e na Soma, por si só, constitui-se numa amostragem, pois, assim procedendo, o pesquisador define uma janela temporal através da qual observa a população de interesse para o trabalho. Em outros termos, observar as empresas no ano de 1998, por exemplo, é diferente de observar as mesmas empresas no ano de 1995, sem contar o fato de que algumas firmas iniciaram suas atividades enquanto outras deixaram de existir entre estes períodos.

Deve-se observar, não obstante, a intencionalidade da escolha dos anos para coleta, descaracterizando, de imediato, a amostra como aleatória. Assim, diante da conveniência analítica de uma amostragem aleatória, selecionou-se, para cada ano em separado, uma amostra de empresas escolhidas a partir da geração de números pseudoaleatórios, simulando um sorteio e caracterizando a referida amostra como do tipo aleatória simples com reposição. Para referências sobre os procedimentos de amostragem e suas implicações, ver Kish (1965), Yates (1960), Hansen, Hurwitz & Madow (1953) e Deming (1950), dentre outros. As características específicas das amostras construídas para cada um dos períodos analisados são comentadas no Capítulo 4.

4.2. Construção das variáveis

A partir dos dados coletados, foram construídas todas as variáveis referidas no Capítulo 3, item 3 para cada ano escolhido. Como exemplo, mostra-se a seguir a lista das empresas selecionadas no ano de 2000. Para este período, do total de empresas listadas no banco de dados da Economática Ltda. foram excluídas as do setor financeiro e também as *holdings*, uma vez que seus dados não são compatíveis com os das demais empresas. Após as referidas exclusões, restaram 265 empresas, relacionadas na Tabela 3-1, sendo 24 negociadas na Soma (cerca de 9% do total) e o restante na Bovespa.

Em seguida, as empresas foram listadas por ordem de liquidez (conforme a fórmula mostrada em (3.4)), calculada em 31 de dezembro do ano 2000 e compreendendo os12 meses anteriores. Por critério do pesquisador foram, então, excluídas as empresas com índice de liquidez abaixo de 0,001% em comparação com o índice da empresa mais líquida. Restaram, assim, 220 empresas para análise.

Tabela 3-1 — Lista das 265 empresas pré-selecionadas para o ano de 2000

Empresa	Setor (classif Eco)	Empresa	Setor (classif Eco)
Acesita	Siderurgia	Copesul	Petroquímic
Acos Villares	Siderurgia	Cosipa	Siderurgia
Adubos Trevo	Fertilizant	Coteminas	Têxtil
Albarus	Autopeças	Cremer	Têxtil
Alpargatas	Têxtil	CRT Celular	Telecomunic
Amadeo Rossi	Metalurgia	CTM Citrus	Alimento
Ambev	Bebidas	CTMR Celular	Telecomunic
Antarctica Nord	Bebidas	DHB	Autopeças
Aracruz	Papel Celul	Dimed	Outros
Avipal	Alimento	Dixie Toga	Papel Celul
Azevedo	Construtoras	Docas	Elet Eletron
Bahia Sul	Papel Celul	Dohler	Têxtil
Bardella	Indúst Mecân	Duratex	Madeira
Belgo Mineira	Siderurgia	EBE	Energia
Bic Caloi	Mat Transpor	Eberle	Metalurgia
Biobras	Química	EDN	Petroquímic
Bombril	Química	Electrolux	Eletrodomést
Bompreco	Comércio	Elektro	Energia
Brasil T Par	Telecomunic	Eletrobras	Energia
Brasil Telec	Telecomunic	Eletropaulo Metropo	Energia
Brasilit	Cimento	Elevad Atlas	Indúst Mecân
Brasmotor	Eletrodomést	Eluma	Metalurgia
Brazil Realt	Construtoras	EMAE	Energia
Buettner	Têxtil	Embraco	Eleteletrôn
Bunge Alimentos	Alimento	Embraer	Transp Aèreo
Bunge Fertilizantes	Fertilizant	Embratel Part	Telecomunic
Cach Dourada	Energia	Encorpar	Têxtil
Cacique	Alimento	Enersul	Energia
Caemi Metal	Mineração	EPTE	Energia
Cambuci	Têxtil	Ericsson	Eleteletrôn
CEB	Energia	Escelsa	Energia
Cedro	Textil	Estrela	Brinquedos
CEEE Energia Eletri	Energia	Eternit	Cimento
Celesc	Energia	Eucatex	Madeira
Celg	Energia	F Cataguazes	Energia
Celpe	Energia	Fab C Renaux	Têxtil
Cemat	Energia	Ferbasa	Metalurgia
Cemig	Energia	Ferro Ligas	Metalurgia
Cerj	Energia	Fertibras	Fertilizant
Cesp	Energia	Fertiza	Fertilizant

Empresa	Setor (classif Eco)	Empresa	Setor (classif Eco)
Chapeco	Alimento	Fibam	Metalurgia
Cia Hering	Têxtil	Forjas Taurus	Metalurgia
Cim Itau	Cimento	Fosfertil	Fertilizant
Ciquine	Petroquímic	Fras-Le	Auto peças
CMA Part	Mineracao	Gerad Paranapanema	Energia
Coelba	Energia	Geradora Tiete	Energia
Coelce	Energia	Gerasul	Energia
Cofap	Auto peças	Gerdau Met	Siderurgia
Coldex	Indúst Mecân	Gerdau	Siderurgia
Comgas	Petroquímic	Globex	Comércio
Confab	Metalurgia	Globo Cabo	Outros
Const Beter	Construtoras	Gradiente	Elet eletrôn
Copas	Fertilizant	Granoleo	Alimento
Copel	Energia	Grazziotin	Comércio
Copene	Petroquímic	Guararapes	Têxtil
Hercules	Metalurgia	Polipropileno	Petroquímic
Iguacu Cafe	Alimento	Politeno	Petroquímic
Ind Villares	Indúst Mecân	Portobello	Min Não Metl
Inds Romi	Indúst Mecân	Pronor	Petroquímic
Inepar Energia	Outros	Randon Part	Mat Transpor
Inepar	Elet eletrôn	Rasip Agro Pastoril	Alimento
Iochp-Maxion	Mat Transpor	Recrusul	Mat Transpor
Ipiranga Dist	Petroquímic	Ren Hermann	Quimica
Ipiranga Pet	Petroquímic	Rhodia-Ster	Petroquímic
Ipiranga Ref	Petroquímic	Rimet	Metalurgia
Itautec	Elet eletrôn	Ripasa	Papel Celul
Iven	Energia	Rossi Resid	Construtoras
J B Duarte	Alimento	Sabesp	Outros
Karsten	Têxtil	Sadia SA	Alimento
Kepler Weber	Mat Transpor	Saint Gobain Canal	Metalurgia
Klabin	Papel Celul	Saint-Gobain Vidros	Min Não Metl
Kuala	Têxtil	Sam Industr	Metalurgia
Latasa	Metalurgia	Sanepar	Outros
Light	Energia	Sansuy	Outros
LightPar	Energia	Santista Textil	Têxtil
Lix da Cunha	Construtoras	Sao Carlos	Outros
Loj Americanas	Comércio	Saraiva Livr	Outros
Lojas Renner	Comércio	Schlosser	Textil
Magnesita	Mineração	Schulz	Metalurgia
Maio Gallo	Auto peças	Seara Alim	Alimento
Makro	Comércio	Serrana	Fertilizant
Manasa	Madeira	Sharp	Elet eletrôn

Empresa	Setor (classif Eco)	Empresa	Setor (classif Eco)
Mangels	Indúst Mecân	Sibra	Siderurgia
Marcopolo	Mat Transpor	Sid Nacional	Siderurgia
Marisol	Têxtil	Sid Tubarao	Siderurgia
Metal Leve	Auto peças	Sifco	Auto peças
Metisa	Metalurgia	Sola	Alimento
Micheletto	Metalurgia	Solorrico	Fertilizant
Millennium	Química	Souza Cruz	Fumo
Minupar	Alimento	SPSCS Industrial	Mat Transpor
Mont Aranha	Papel Celul	Staroup	Têxtil
Multibras	Eletrodomest	Sultepa	Construtoras
Nitrocarbono	Petroquímic	Supergasbras	Petroquímic
Nordon Met	Indúst Mecân	Suzano	Papel Celul
Oxiteno	Petroquímic	TAM (Incorporada)	Transp Aéreo
Pao de Acucar	Comércio	Tecel.S.Jose	Têxtil
Paraibuna	Metalurgia	Tectoy	Brinquedos
Paranapanema	Metalurgia	Teka	Têxtil
Paul F Luz	Energia	Telasa	Telecomunic
Perdigao	Alimento	Telasa Celular	Telecomunic
Petrobras Distrib	Petroquímic	Tele Celular Sul	Telecomunic
Petrobras	Petróleo	Tele Centroeste Cel	Telecomunic
Petroflex	Petroquímic	Tele Leste Celular	Telecomunic
Petropar	Outros	Tele Nordeste Celul	Telecomunic
Petroq.Uniao	Petroquímic	Tele Norte Celular	Telecomunic
Petroquisa	Petroquímic	Tele Sudeste Celula	Telecomunic
Pettenati	Têxtil	Telebahia	Telecomunic
Plascar	Auto peças	Telebrasilia Cel	Telecomunic
Polar	Bebidas	Teleceara Celular	Telecomunic
Polialden	Petroquímic	Teleceara	Telecomunic
Telegoias Celular	Telecomunic	Tex Renaux	Têxtil
Telemar	Telecomunic	Trafo	Elet eletrôn
Telemig Celul Part	Telecomunic	Transbrasil	Transp Aereo
Telemig Celular	Telecomunic	Transmissao Paulist	Energia
Telemig	Telecomunic	Trevisa	Fertilizant
Telepar Celular	Telecomunic	Trikem	Petroquímic
Telepara	Telecomunic	Tupy	Indúst Mecân
Telepisa	Telecomunic	Ultrapar	Petroquímic
Telepisa Celular	Telecomunic	Unipar	Petroquímic
Telergipe	Telecomunic	Usiminas	Siderurgia
Telerj	Telecomunic	Usin C Pinto	Alimento
Telern	Telecomunic	Vale Rio Doce	Mineracao
Telern Celular	Telecomunic	Varig	Transp Aereo
Telesc Celular	Telecomunic	Varig Servicos	Outros

Empresa	Setor (classif Eco)	Empresa	Setor (classif Eco)
Telesp Cel Part	Telecomunic	Varig Transportes	Outros
Telesp Operac	Telecomunic	Vigor	Alimento
Telest	Telecomunic	Votorantim C P	Papel Celul
Telma	Telecomunic	Weg	Elet eletrôn
Telma Celular	Telecomunic	Wembley	Têxtil
Telpa	Telecomunic	Wetzel	Metalurgia
Telpa Celular	Telecomunic	Wiest	Auto peças
Telpe Celular	Telecomunic	Zivi	Metalurgia
Telpe	Telecomunic		

Para o conjunto final de 220 empresas, foram calculadas as variáveis relacionadas em (3.3). Como exemplo, são listados na Tabela 3-2 os valores do Q de Tobin (q) para cada uma das empresas no ano 2000. O q foi calculado segundo o método de Chung & Pruitt (1994), descrito no Capítulo 3, item 3.1, considerando as médias trimestrais dos *inputs*. Assim, por exemplo, o valor dos estoques, uma das variáveis da fórmula de Chung & Pruitt (1994), foi calculado como a média aritmética trimestral dos estoques dentro do ano, na forma

$$\overline{E}_{2000} = \frac{E_{Mar2000} + E_{Jun2000} + E_{Set2000} + E_{Dez2000}}{4} \qquad (3.5)$$

onde $\overline{E}_{2000}$ representa os estoques médios referentes ao ano 2000, $E_{Mar2000}$ é o valor dos estoques em março daquele ano e assim sucessivamente. O procedimento mostrado em (3.5) foi utilizado para as demais contas.

Para as empresas com alguns dados faltantes, a média foi calculada apenas para as informações disponíveis. Para duas empresas do conjunto não houve dados suficientes para o cálculo do q. Portanto, esta variável foi estimada para 218 firmas.

Tabela 3-2 — Q de Tobin das 218 empresas selecionadas para o ano de 2000

Empresa	Q de Tobin	Empresa	Q de Tobin
Acesita	0,72	Mangels	0,38
Acos Villares	0,88	Marcopolo	0,41
Adubos Trevo	1,24	Metal Leve	0,73
Albarus	0,95	Metisa	0,31
Alpargatas	0,37	Millennium	0,51
Amadeo Rossi	0,70	Minupar	0,93
Ambev	2,16	Mont Aranha	0,24
Antarctica Nord	0,56	Multibras	0,46
Aracruz	0,88	Nitrocarbono	0,89
Avipal	0,28	Oxiteno	0,34
Bahia Sul	0,76	Pao de Acucar	1,44
Bardella	-0,11	Paraibuna	0,87
Belgo Mineira	0,53	Paranapanema	0,92
Bic Caloi	4,98	Paul F Luz	0,50
Biobras	0,76	Perdigao	0,70
Bombril	0,43	Petrobras Distrib	0,46
Bompreco	0,76	Petrobras	1,28
Brasil T Par	0,68	Petroflex	0,63
Brasil Telec	0,89	Petroq.Uniao	0,87
Brasilit	0,34	Petroquisa	0,63
Brasmotor	0,40	Pettenati	0,28
Brazil Realt	0,61	Plascar	0,69
Bunge Alimentos	0,60	Polar	0,64
Bunge Fertilizantes	0,58	Polialden	0,32
Cach Dourada	0,61	Polipropileno	0,61
Cacique	0,21	Politeno	0,13
Caemi Metal	0,71	Portobello	0,53
Cambuci	0,68	Pronor	0,57
CEB	0,38	Randon Part	0,44
CEEE Energia Eletri	0,77	Rasip Agro Pastoril	0,48
Celesc	0,62	Recrusul	0,17
Celpe	0,76	Ren Hermann	0,51
Cemig	0,62	Rhodia-Ster	0,90
Cerj	1,07	Ripasa	0,50
Cesp	0,46	Rossi Resid	0,31
Chapeco	3,86	Sabesp	0,66
Cia Hering	0,77	Sadia SA	0,74
Cim Itau	0,61	Saint Gobain Canal	0,40
Ciquine	0,64	Saint-Gobain Vidros	0,66
Coelba	0,49	Sansuy	0,61

Empresa	Q de Tobin	Empresa	Q de Tobin
Coelce	0,59	Santista Textil	0,37
Comgas	1,15	Saraiva Livr	1,55
Confab	0,24	Schulz	0,16
Copel	0,75	Seara Alim	0,59
Copene	0,44	Serrana	0,51
Copesul	0,90	Ultrapar	0,33
Coteminas	0,47	Unipar	0,54
Cremer	0,90	Usiminas	0,73
CRT Celular	2,77	Usin C Pinto	0,56
CTMR Celular	1,06	Vale Rio Doce	1,14
Dimed	0,31	Varig	0,72
Dixie Toga	0,61	Sibra	2,52
Docas	0,31	Sid Nacional	0,63
Duratex	0,55	Sid Tubarao	0,49
EBE	0,83	Sola	0,92
Eberle	0,67	Solorrico	0,64
EDN	1,00	Souza Cruz	1,20
Electrolux	0,46	Sultepa	0,24
Elektro	0,63	Supergasbras	0,42
Eletrobras	0,36	Suzano	0,60
Eletropaulo Metropo	1,02	TAM (Incorporada)	0,85
EMAE	0,26	Tectoy	2,30
Embraco	0,90	Teka	0,76
Embraer	1,69	Telasa	0,58
Embratel Part	1,17	Telasa Celular	0,64
EPTE PN	0,36	Tele Celular Sul	1,68
Ericsson	0,56	Tele Centroeste Cel	1,40
Escelsa	0,61	Tele Leste Celular	1,13
Estrela	0,56	Tele Nordeste Celul	1,66
Eternit	0,48	Tele Norte Celular	0,94
Eucatex	0,68	Tele Sudeste Celula	1,48
F Cataguazes	0,52	Telebahia	0,70
Ferbasa	0,24	Telebrasilia Cel	0,65
Ferro Ligas	1,61	Teleceara Celular	0,81
Fertibras	0,53	Teleceara	0,40
Fertiza	0,54	Telegoias Celular	0,66
Forjas Taurus	0,11	Telemar	0,80
Fosfertil	0,84	Telemig Celul Part	1,46
Fras-Le	0,86	Telemig Celular	1,32
Gerad Paranapanema	0,51	Telemig	0,62
Geradora Tiete	1,05	Telepar Celular	1,14
Gerasul	0,74	Telepara	0,36

Empresa	Q de Tobin	Empresa	Q de Tobin
Gerdau Met	0,57	Telepisa	0.22
Gerdau	0,78	Telepisa Celular	0.56
Globex	1,17	Telergipe	0.38
Globo Cabo	3,88	Telerj	0.66
Gradiente	0,69	Telern	0.41
Grazziotin	0,15	Telern Celular	0.63
Guararapes	0,42	Telesc Celular	1.27
Inds Romi	0,18	Telesp Cel Part	2.26
Inepar Energia	0,65	Telesp Operac	0.89
Inepar	0,40	Telest	0.44
Iochp-Maxion	0,70	Telma	0.39
Ipiranga Dist	0,50	Telma Celular	0.70
Ipiranga Pet	0,61	Telpa	0.42
Ipiranga Ref	0,71	Telpa Celular	0.68
Itautec	2,01	Telpe Celular	0,81
Iven	0,47	Telpe	0,51
J B Duarte	0,87	Trafo	0,38
Karsten	0,48	Transbrasil	0,87
Kepler Weber	0,64	Transmissao Paulist	0,28
Klabin	0,78	Trevisa	1,44
Kuala	0,70	Trikem	0,68
Latasa	0,60	Vigor	0,35
Light	0,79	Votorantim C P	0,74
LightPar	0,90	Weg	0,65
Lix da Cunha	0,05	Wetzel	1,22
Loj Americanas	0,77	Wiest	0,68
Magnesita	0,12	Zivi	1,38

A Tabela 3-2 mostra valores do *q* bastante coerentes com a teoria e compatíveis com os valores estimados para empresas norte-americanas (ver, por exemplo, Helmuth, 1990, e Lindenberg & Ross, 1981. Para uma discussão sobre as interpretações dos valores do *q*, ver também Famá & Barros, 2000). Apenas uma empresa (Bardella) apresentou *q* negativo, o que é possível matematicamente, considerando a fórmula utilizada, mas não faz sentido teórico. Por esta razão a firma foi descartada, reduzindo o total de observações em 2000 a 217.

Os procedimentos descritos nesta seção foram repetidos para todos os anos entre 1995 e 2000. Para estimar os modelos mostrados em (3.2) e (3.3), as empresas selecionadas em cada período foram divididas em três, quatro e cinco grupos, conforme descrito na Capítulo 3, item 1, descartando-se os grupos intermediários.

No processo de análise estatística, foram calculadas medidas da influência das observações sobre os resultados obtidos, com vistas a minimizar possíveis influências espúrias. Uma empresa que tenha passado por um processo de fusão recente, por exemplo, pode ter seus dados deturpados, prejudicando a interpretação dos resultados da pesquisa, o que justifica uma investigação dos *outliers*. Para este fim, foram utilizadas medidas como a Distância de Cook, descrita em Cook & Weisberg (1982) e Davidson & MacKinnon (1993), entre outros.

5. Limitações do Método

Dentre as principais limitações associadas ao método de investigação proposto para a pesquisa, pode-se destacar as relacionadas nos parágrafos abaixo.

5.1. Causalidade

As relações de causalidade são definidas arbitrariamente pelo pesquisador e não podem ser consideradas corretas *a priori*. Por exemplo, apesar de especificarmos o valor da empresa como variável dependente e seu nível de endividamento como variável independente, isso não significa, necessariamente, que um determinado nível de endividamento *causa* um aumento ou diminuição do valor da empresa. Embora isso possa ser verdade, o contrário também poderia ser perfeitamente o caso, pelo menos do ponto de vista estatístico. Em outros termos, o valor da empresa poderia ser a causa de um maior ou menor nível de endividamento e não o contrário. Uma terceira possibilidade é a inexistência de uma relação bem definida de causa e efeito entre as variáveis, mesmo sendo forte o relacionamento entre elas. Por isto, conclusões baseadas no estudo estatístico devem ser feitas com cuidado, atentando-se para esta possível armadilha na interpretação dos resultados.

5.2. Definições operacionais

As definições operacionais das variáveis para os modelos são, em geral, questionáveis. Conforme comentado anteriormente, diversas definições alternativas podem ser propostas, servindo como aproximações justificadas para o que a pesquisa pretende medir. É difícil, não obstante, determinar objetivamente o quão adequada é a aproximação baseada em uma ou outra definição operacional. Uma maneira de contornar parcialmente esta limitação é testar a robustez do modelo a diferentes definições para as mesmas variáveis. Todavia, o risco de um possível erro na interpretação dos resultados decorrente de definições inadequadas persistirá.

5.3. Especificação dos modelos

A especificação dos modelos, ou seja, a escolha das variáveis independentes para a regressão múltipla influencia os resultados obtidos. Daí a importância, quando pertinente, das variáveis de controle. Portanto, possíveis variáveis relevantes omitidas podem conduzir a inferências equivocadas.

5.4. Erros nos dados

A pesquisa assume que as informações das empresas são corretas e não contêm viés. Supõe-se, por exemplo, que os preços em bolsa refletem, aproximadamente, o valor conferido pelo mercado à empresa. Se este não for o caso ou se outras informações puderem ser colocadas sob suspeita, os parâmetros estimados não serão corretos.

5.5. Influências espúrias

Em certos casos, é possível que os dados coletados estejam contaminados com influências espúrias em geral em tal grau que as verdadeiras relações entre as variáveis tornam-se imperceptíveis. Tais influências indesejadas podem ser agrupadas sob a expressão genérica "ruído". Os problemas acarretados pelo excessivo ruído nos dados são discutidos por Black (1982 e 1986). O ruído pode ser entendido como um conjunto de pequenas imperfeições do mercado, as quais, agregadas, podem resultar em importantes distorções das informações observadas pelo pesquisador. O ruído reflete-se, ainda, na impossibilidade de se observar ou na dificuldade de se definir operacionalmente variáveis cuja omissão pode afetar significativamente os resultados do estudo. Tal problema, portanto, sintetiza, em grande parte, todas as limitações apresentadas até aqui e seu reconhecimento sugere cautela na condução e interpretação de pesquisas empíricas em geral.

4

Análise dos Resultados da Pesquisa

SAINT PAUL INSTITUTE OF FINANCE

1. INTRODUÇÃO

Neste bloco, reportam-se os resultados principais da pesquisa. Conforme descrito no Capítulo 3, 12 modelos empíricos básicos foram estimados, dois para cada ano entre 1995 e 2000. Outros seis modelos foram construídos a partir dos dados bienais referentes aos períodos 2000/1999, 1998/1997 e 1996/1995. O número total de regressões produzidas, não obstante, foi bastante superior ao mencionado acima, uma vez que diferentes definições operacionais foram utilizadas para representar as variáveis principais e algumas das variáveis de controle (ver Capítulo 3).

Reportam-se aqui seis modelos construídos para os períodos 2000/1999, 1998/1997 e 1996/1995, na forma

$$q_i = \alpha + \beta A_i + \boldsymbol{\delta} \mathbf{VC}_i + \varepsilon_i \qquad (4.1)$$

onde q_i representa o Q de Tobin da *i*-ésima empresa, A_i é sua alavancagem financeira e $\mathbf{VC}_i$ é um vetor coluna *k* x 1 contendo *k* variáveis de controle medidas para a *i*-ésima empresa. Além dos modelos básicos foram especificadas regressões com termos quadráticos da variável *A*. O *q* é calculado com base nos procedimentos sugeridos por Chung & Pruitt (1994). A alavancagem, por seu turno, é calculada como

$$A = \frac{DFT}{\text{Ativo Total}}$$

onde *DFT* é a dívida financeira total da empresa, composta pelos financiamentos de curto e longo prazo (*FCP* e *FLP*, respectivamente), pelas debêntures de curto e longo prazo (*DCP* e *DLP*, respectivamente) e pelos adiantamentos de contrato de câmbio (*ACC*). Assim, tem-se que $DFT = FCP + FLP + DCP + DLP + ACC$ (ver Capítulo 3, item 3.2).

Optou-se pela escolha de um conjunto de modelos para apresentação nesta seção em razão da limitação de espaço do trabalho e da intenção de evitar, quando possível, descrições redundantes. A redundância da análise decorre do fato de que, embora diferentes definições operacionais das variáveis tenham sido utilizadas e regressões com formatos diversos tenham sido produzidas, os resultados mostraram-se qualitativamente estáveis. Em outras palavras, em todos os modelos com qualidade estatística aceitável as conclusões apontam nas mesmas direções, embora a referida qualidade estatística, assim como os valores dos coeficientes, variem substancialmente.

A seleção do conjunto específico de regressões aqui analisadas utilizou como critérios sua qualidade estatística e a conformação das definições operacionais das variáveis às teorias relevantes para a pesquisa. Os modelos descritos nas próximas páginas revelaram-se os melhores, no sentido de sua adequação aos pressupostos de um modelo de regressão linear (MRL). Ademais, as definições operacionais das variáveis mais relevantes encontram-se entre as mais utilizadas em trabalhos empíricos de natureza similar, ajustando-se satisfatoriamente, acredita-se, às teorias investigadas. Por isso, e por serem construídos com base em valores médios bienais, e não anuais, das variáveis, é possível supor que tais modelos permitam a extração de inferências mais confiáveis para a população objeto.

2. Amostragem e Separação dos Grupos

As amostras de empresas foram sorteadas a partir da geração de números pseudoaleatórios. O algoritmo utilizado simula uma amostragem aleatória simples com reposição. O tamanho das amostras selecionadas para os períodos 2000/1999, 1998/1997 e 1996/1995 varia de 120 a 150 empresas, conforme o número total de empresas líquidas e com dados disponíveis em cada um destes anos.

Em cada período, os componentes da amostra foram separados em grupos, conforme descrito no Capítulo 3, item 1. Os modelos apresentados neste bloco originaram-se de observações separadas em quatro grupos, dos quais foram aproveitados para análise os grupos 1 e 4. No biênio 2000/1999, por exemplo, foram selecionadas 150 empresas. Em seguida, elas foram divididas em quatro grupos contendo 38 empresas cada. No primeiro grupo figuram as 38 empresas com maiores oportunidades de crescimento com VPL positivo disponíveis. No último figuram aquelas com as menores oportunidades disponíveis. Foram descartados, então, os dois grupos intermediários, trabalhando-se apenas com o primeiro e com o último. Acredita-se que, com este procedimento, a separação entre as empresas com muitas e com poucas oportunidades disponíveis fica adequadamente caracterizada. Por outro lado, subdivisões ainda maiores (como a que utiliza seis grupos, por exemplo) comprometeriam a confiabilidade das inferências em razão do reduzido número de observações disponíveis para análise.

A variável oportunidades de crescimento (ou de investimento) com VPL positivo é, no caso em questão, definida operacionalmente como

$$\text{Oportunidades de Investimentos com VPL Positivo} = \frac{\text{Valor de Mercado das Ações}}{\text{Patrimônio Líquido}}$$

A definição mostrada acima é comentada no Capítulo 3, item 3.3, onde são também apresentadas outras formas de representar a mesma variável.

Em seguida, os principais resultados são discutidos por meio da análise dos modelos construídos em cada um dos biênios referidos.

3. Resultados do Período 2000/1999

Do conjunto de empresas pré-selecionadas para o período 2000/1999 foram sorteadas 150 para a composição da amostra geral. Desta, foram selecionados dois grupos contando com 38 empresas cada. O primeiro grupo, denominado de G1, é composto pelas empresas com maiores oportunidades de crescimento com VPL positivo disponíveis. O segundo grupo, denominado de G2, é composto pelas empresas com menores oportunidades disponíveis.

3.1. A relação entre valor e alavancagem – análise preliminar

Uma primeira visualização da relação entre o valor da empresa (q) e sua alavancagem financeira (A) é obtida através de um gráfico simples relacionando as duas variáveis, como mostrado nas Figuras 4-1 e na Figura 4-2. Elas apontam um relacionamento significativamente positivo entre q e A em ambos os grupos.

A Figura 4-1 utiliza os dados de G1, enquanto a Figura 4-2 refere-se a G2. Os gráficos trazem também as retas das regressões simples entre q e A em cada caso. Visualmente, é fácil perceber que aumentos da alavancagem estão associados a aumentos do valor da empresa em ambos os grupos. Porém, tal relação parece mais importante em G2, o que é confirmado quando são analisados os resultados das regressões, reportados nas Tabelas 4-1 e Tabela 4-2. Estas regressões seguem o modelo mostrado em (4.2).

$$q = a + bA + e \qquad (4.2)$$

onde a é uma constante, b é o coeficiente angular estimado da variável A e e é o resíduo da regressão.

Figura 4-1 — Gráfico de q *x* A, *grupo G1 (empresas com muitas oportunidades)*

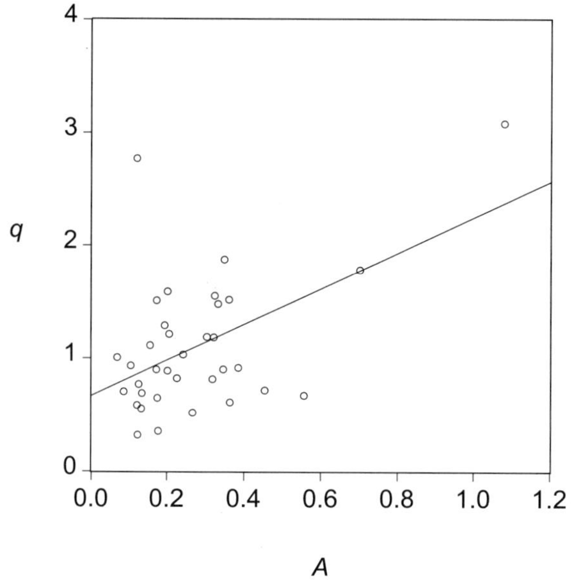

Figura 4-2 — Gráfico de q *x* A, *grupo G2 (empresas com poucas oportunidades)*

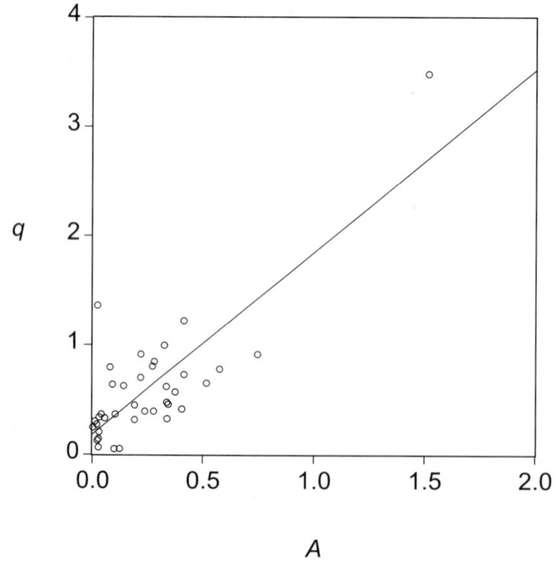

Tabela 4-1 — Regressão de q *x* A*, grupo G1 (empresas com muitas oportunidades)*

Variável Dependente: *q* Método: Mínimos Quadrados (OLS) Observações Incluídas: 35				
Variável	**Coeficiente**	**Erro Padr.**	**Estat.-t**	***valor-p.***
a - Constante	0.669120	0.153950	4.346335	0.0001
A	**1.578386**	0.459447	3.435403	0.0016
R-quadrado	0.263426	Estatística F		11.80200
R-quadrado Ajustado	0.241105	*valor-p* (Estat. F)		0.001616

Tabela 4-2 — Regressão de q *x* A*, grupo G2 (empresas com poucas oportunidades)*

Variável Dependente: *q* Método: Mínimos Quadrados (OLS) Observações Incluídas: 38				
Variável	**Coeficiente**	**Erro Padr.**	**Estat.-t**	***valor-p.***
a - Constante	0.182181	0.075997	2.397202	0.0218
A	**1.668168**	0.204917	8.140701	0.0000
R-quadrado	0.647994	Estatística F		66.27101
R-quadrado Ajustado	0.638216	*valor-p* (Estat. F)		0.000000

Tanto na Tabela 4-1 quanto na Tabela 4-2 o valor do coeficiente de A é positivo e significante estatisticamente no nível de 1%, como mostram os valores de probabilidade associados à estatística t (*valor-p*). Sua magnitude também é grande, indicando uma influência relevante sobre o valor de q. A relação entre q e A, todavia, é mais importante para G2, o que é atestado tanto pelo maior valor do coeficiente quanto pelo melhor ajuste da reta de regressão, medido pelo coeficiente de determinação ajustado (R-quadrado ajustado).

Esta análise preliminar não confirma a hipótese descrita no Capítulo 1, item 5 como a Hipótese Alternativa 1. É inadequado, entretanto, basear qualquer conclusão nesta exploração inicial. Os modelos mostrados nas Tabelas 4-1 e Tabela 4-2 não apresentam qualidade estatística aceitável, como será discutido em seguida. Portanto, para que inferências válidas sejam produzidas, é necessário buscar análises mais completas, incluindo a construção, com o auxílio das ferramentas da estatística, de modelos melhores.

3.2. ANÁLISES DE DIAGNÓSTICO DOS MODELOS DE REGRESSÃO LINEAR (MRL)

A qualidadade e a plausibilidade de um modelo empírico dependem, em larga medida, do quão bem ele se ajusta aos pressupostos de um MRL. É importante, por isso, utilizar, em todas as etapas da pesquisa, ferramentas de diagnóstico capazes de identificar a existência de problemas e apontar, quando possível, correções adequadas. Apresentam-se abaixo, resumidamente, os principais pressupostos aplicáveis, em princípio, a este trabalho.

Considere-se $\mathbf{y}$ como um vetor n x 1 representando a variável dependente, onde n é o número de observações da amostra, $\mathbf{X}$ como uma matriz n x k com n observações para cada um dos k regressores, $\boldsymbol{\beta}$ como um vetor k x 1 contendo os coeficientes associados às k variáveis independentes e $\mathbf{u}$ como um vetor n x 1contendo os n termos de erro aleatórios do modelo. Tem-se, então,

1) $\mathbf{y} = \mathbf{X}\boldsymbol{\beta} + \mathbf{u}$. Este pressuposto refere-se à real existência de um relacionamento relevante entre $\mathbf{X}$ e $\mathbf{y}$ que possa ser expresso na forma linear. Se o processo que gera os dados da amostra não corresponder, aproximadamente, ao representado pelo modelo linear, o modelo estará errado, assim como incorreta será qualquer inferência dele extraída.

2) $\mathbf{X}$ é uma matriz de posto coluna cheio. Este item remete ao problema da multicolinearidade entre os regressores. Se houver uma correlação perfeita entre duas ou mais variáveis independentes será impossível estimar um conjunto único de parâmetros para caracterizar a relação entre $\mathbf{y}$ e $\mathbf{X}$, gerando um problema de identificação dos parâmetros. Se, ademais, a multicolinearidade for severa, mesmo que não perfeita, a variância dos parâmetros estimados será muito inflacionada, prejudicando a inferência. O próprio valor dos coeficientes pode ser deturpado em razão deste problema.

3) $E[\mathbf{u}|\mathbf{X}] = \mathbf{0}$, onde $E[.]$ é o operador de esperança matemática. O pressuposto 3 afirma que a esperança do erro, condicional em qualquer dos regressores, deve ser zero. É fácil mostrar, ainda, que esta condição implica que a esperança incondicional do erro também deverá ser zero, isto é, $E[\mathbf{u}] = \mathbf{0}$.

4) A matriz de co-variâncias dos termos de erro, dada por $E[\mathbf{uu}']$ ($\mathbf{u}'$indica a transposta de $\mathbf{u}$), pode ser expressa na forma $E[\mathbf{uu}']=\sigma^2\mathbf{I}$,onde σ^2 representa a variância dos termos de erro e é um escalar constante e **I** é uma matriz identidade de ordem n. Este pressuposto diz que a variância dos erros deve ser constante e que a co-variância entre eles deve ser zero. A primeira afirmação é conhecida como a condição de homocedasticidade, enquanto a segunda é a condição de não autocorrelação dos termos de erro.

5) $\mathbf{u} \sim N(\mathbf{0},\sigma^2\mathbf{I})$. Este pressuposto estabelece que os termos de erro distribuem-se como uma normal com média 0 e matriz de co-variâncias $\sigma^2\mathbf{I}$.

Dentre as condições descritas acima, algumas se mostram mais restritivas ou mais importantes do que outras. Não obstante, a violação clara de qualquer uma delas trará prejuízo ao processo de inferência baseado no estimador de mínimos quadrados ordinário (OLS).

O pressuposto 1 é, num certo sentido, o mais importante de todos, pois trata da real existência de um relacionamento entre as variáveis independentes e a variável dependente que possa ser representado de forma linear. A verificação desta condição só pode ser feita de maneira indireta, entretanto, uma vez que o verdadeiro processo que gerou os dados da amostra nunca é observado. De fato, a qualidade geral do modelo construído bem como sua adequação aos demais pressupostos do MRL constituem-se na melhor, senão na única, maneira de verificar se o modelo aproxima-se satisfatoriamente da “verdade”.

Dos demais pressupostos, o menos restritivo é o apresentado em 3 sob a forma $E[\mathbf{u}]=\mathbf{0}$. Normalmente, a presença de uma constante na regressão elimina a possibilidade de violação desta condição. Já não é tão fácil, por outro lado, assegurar que $E[\mathbf{u}|\mathbf{X}]=\mathbf{0}$. Em alguns contextos, como, por exemplo, na presença de erros de mensuração sistemáticos nas variáveis ou quando há variáveis relevantes omitidas e correlacionadas com um ou mais dos regressores, ter-se-á $E[\mathbf{u}|\mathbf{X}]\neq\mathbf{0}$. A violação desta condição torna-se especialmente importante quando os regressores são estocásticos (isto é, comportam-se como variáveis aleatórias, da mesma forma que a variável dependente), como é o caso daqueles utilizados nesta pesquisa. Quando isso ocorre, introduz-se viés na estimação dos parâmetros. A correção do problema freqüentemente passa pelo uso, quando possível, do estimador de variáveis instrumentais (IV).

É importante destacar que os termos de erro teóricos, **u**, jamais são observados. Apenas os resíduos estimados da regressão, $\hat{\mathbf{u}}$, estão disponíveis e, por construção do estimador de mínimos quadrados, $E[\hat{\mathbf{u}}|\mathbf{X}] = \mathbf{0}$ sempre. Por esta razão, não é possível testar diretamente a violação da condição referida no parágrafo anterior.

Os outros elementos importantes para os modelos aqui desenvolvidos são a questão da multicolinearidade, a condição de homocedasticidade e distribuição normal dos erros. O pressuposto de não autocorrelação dos termos de erro, por seu turno, não demanda atenção específica, pois a pesquisa não envolve séries de tempo. Os procedimentos para testar os pressupostos de interesse e melhorar a qualidade estatística dos modelos são discutidos adiante.

3.2.1. Testes de multicolinearidade

Conforme comentado na seção anterior, a presença de multicolinearidade perfeita torna impossível a estimação dos parâmetros do modelo. Uma multicolinearidade severa, não obstante, embora não perfeita, pode causar danos no processo de inferência através, por exemplo, de um aumento substancial da variância dos coeficientes.

Alguns procedimentos para testar a presença de multicolinearidade são sugeridos na literatura. A este respeito, ver, por exemplo, Greene (2000) e Pindyck & Rubinfeld (1998).

Uma forma inicial de verificar um possível problema desta natureza é olhar para os valores do coeficiente de determinação (R-quadrado) e das estatísticas *t* associadas aos coeficientes da regressão. Nos casos em que o R-quadrado é alto, mas os coeficientes são pouco significantes estatisticamente, é possível que exista multicolinearidade severa entre os regressores.

Um procedimento de teste mais formal, descrito por Greene (2000), envolve o cálculo do chamado número de condição (NC). Para a realização deste teste, é preciso, inicialmente, calcular as raízes características (λ's) da matriz **X'X** onde **X'** representa a matriz **X** transposta. O NC do modelo é dado, então, por

$$NC = \sqrt{\frac{\text{maior } \lambda}{\text{menor } \lambda}} \qquad (4.3)$$

O autor, citando o trabalho de Belsley, Kuh & Welsch (1980), indica que valores de NC superiores a 20 sugerem um problema de multicolinearidade grave.

Outro procedimento utilizado nesta pesquisa calcula o fator de inflação de variância (VIF). O VIF é dado por

$$VIF = \frac{1}{\left(1 - R^2_k\right)} \qquad (4.4)$$

onde R^2_k é o R-quadrado da regressão da k-ésima variável explanatória no conjunto dos demais regressores. Quanto maior for o valor do VIF, maior será o problema de multicolinearidade. Alguns autores sugerem que o problema será grave quando o R^2_k exceder o R-quadrado geral da regressão.

Um dos procedimentos mais utilizados para corrigir casos de multicolinearidade é a remoção da(s) variável(eis) que causa(m) o problema. Greene (2000) adverte, porém, que a presença de multicolinearidade não necessariamente implica que o modelo deva ser reespecificado. Se, por exemplo, uma variável "correta" for omitida, os parâmetros do novo modelo serão estimados com erro.

3.2.2. Testes de heterocedasticidade e especificação correta

Quando a condição de homocedasticidade é violada, diz-se que os erros do modelo são heterocedásticos. A presença de heterocedasticidade não introduz viés no estimador de mínimos quadrados. Assim, os valores dos coeficientes da regressão não serão errados em função deste problema. Porém, as estimativas dos desvios-padrão (erros-padrão) dos coeficientes serão enviesadas, ou seja, incorretas. Como o erro-padrão entra na construção da estatística t, por exemplo, análises como a da significância dos parâmetros estimados serão prejudicadas.

Quando a estrutura da heterocedasticidade do modelo é conhecida, é possível utilizar o estimador de mínimos quadrados generalizado (GLS), especificando uma matriz de co-variância dos termos de erro diferente de $\sigma^2\mathbf{I}$. Em muitos casos, entretanto, embora exista a suspeita de heterocedasticidade, não é possível especificá-la explicitamente, caso em que se deve recorrer a outras soluções. Na verdade, diversos autores advogam que violações sérias dos pressupostos de um MRL indicam, em última análise, que o modelo estatístico não se constitui numa boa aproximação do verdadeiro processo gerador dos dados. Neste caso, o procedimento recomendado é a reespecificação continuada até que os problemas sejam minimizados, em lugar do uso de artifícios de correção. Esta foi a filosofia de construção adotada nesta pesquisa.

Pode-se divisar, esquematicamente, dois tipos de testes de heterocedasticidade. De um lado figuram os testes genéricos, notadamente o teste de White. De outro, encontram-se aqueles que exigem do pesquisador a especificação de uma estrutura particular de heterocedasticidade. Nesta última categoria podem ser arrolados diversos procedimentos. Dentre eles, escolheu-se, para este trabalho, o teste de Breusch-Pagan.

O teste de White investiga a existência de heterocedasticidade de uma forma geral. A construção da estatística de teste é descrita a seguir. Considere-se um modelo empírico hipotético na forma abaixo

$$y = a + b_1 x + b_2 z + e \qquad (4.5)$$

onde e representa o resíduo da regressão. A estatística de teste baseia-se, então, na regressão auxiliar

$$e^2 = a_1 + b_3 x + b_4 z + b_5 x^2 + b_6 z^2 + b_7 xz + v \qquad (4.6)$$

onde v representa o resíduo de (4.6). Portanto, o teste é construído com a regressão do quadrado dos resíduos do modelo original em todos os possíveis produtos cruzados não redundantes dos regressores, incluindo os próprios regressores. A estatística do teste (W) é calculada como

$$W = n \times R^2 \qquad (4.7)$$

onde n é o número de observações da amostra e R^2 é o coeficiente de determinação (R-quadrado) centrado do modelo (4.6). Sob a hipótese nula de homocedasticidade, n x R^2 distribui-se como uma Qui-quadrado (x^2) com P - 1 graus de liberdade, onde P é o número de coeficientes da regressão auxiliar.

O teste de White assume, em sua construção, que os termos de erro do modelo não apenas são homocedásticos como são também independentes dos regressores ou seja, que $E[\mathbf{u}|\mathbf{X}] = \mathbf{0}$. Esta condição corresponde ao pressuposto 3, mostrado no Capítulo 4, item 3.2. Assume-se, ainda, que a especificação do modelo é correta, o que remete, por sua vez, ao pressuposto 1 da mesma seção. Se a hipótese nula do teste for rejeitada, uma ou mais destas três condições terá sido violada. Contrariamente, se a hipótese nula não puder ser rejeitada, não há evidência de violação de nenhuma delas. Desta forma, o procedimento desenvolvido por White (1980) pode ser visto, conforme argumenta o autor, como um teste geral de homocedasticidade, especificação linear correta e independência dos erros em relação aos regressores (ver Capítulo 4, item 3.2 para uma discussão das implicações específicas desta última condição). Em razão de sua abrangência, o teste de White figura como uma das ferramentas de diagnóstico mais importantes nesta pesquisa.

Além do teste de White, utiliza-se na análise de diagnóstico o teste de Breusch-Pagan. Este último procedimento é mais específico do que o primeiro. Ele exige a formulação de uma estrutura supostamente responsável pela existência do problema de heterocedasticidade, esteja ela relacionada a uma variável ou conjunto de variáveis presentes ou não no modelo. Uma vantagem de métodos desta natureza é a indicação de possíveis soluções se for constatada a violação da condição de homocedasticidade. Uma vez identificada a estrutura do problema, é possível, por exemplo, utilizar o estimador GLS. Ademais, o poder[1] deste tipo de teste costuma ser maior, se comparado com procedimentos genéricos, como argumenta Greene (2000).

O teste de Breusch-Pagan define-se como um teste do tipo multiplicador de Lagrange (LM) e pode ser construído de forma similar à do teste de White. A diferença, neste caso, é que é preciso especificar uma função de heterocedasticidade na forma

$$\sigma_i^2 = \sigma^2 f(\alpha_0 + \boldsymbol{\alpha}\mathbf{Z}_i) \qquad (4.8)$$

onde σ_i^2 é a variância associada ao i-ésimo termo de erro e σ^2 é uma variância do erro constante. A função $f(\alpha_0 + \boldsymbol{\alpha}\mathbf{Z}_i)$ exemplificada em (4.8) é, na verdade, genérica e pode assumir qualquer forma designada pelo pesquisador, desde que contenha uma constante. Z_i é um vetor coluna contendo uma ou mais variáveis independentes medidas para a i-ésima observação suspeitas de causar o problema e $\boldsymbol{\alpha}$ é um vetor linha com os coeficientes correspondentes. Assim, procura-se testar a hipótese nula de homocedasticidade, ou seja, de que $\boldsymbol{\alpha} = 0$.

Uma vez definido (4.8), monta-se uma regressão auxiliar similar à mostrada em (4.6), com a diferença de que, nela, só são utilizadas as variáveis suspeitas. A estatística de teste, sob certas condições, pode também ser calculada como $n \times R^2$ (ver Davidson & MacKinnon, 1993, pp. 562 e 563 para uma discussão das formas alternativas do teste de Breusch-Pagan), novamente distribuída como uma

[1] Quanto maior é o "poder" de um teste de hipótese, maior é sua probabilidade de conduzir à rejeição de uma hipótese nula falsa (decisão correta). Define-se, assim, como 1- β, onde β corresponde à probabilidade de aceitação de uma hipótese nula falsa (decisão incorreta).

χ^2 com P - 1 graus de liberdade, onde P é o número de coeficientes da regressão auxiliar.

3.2.3. MATRIZ DE CO-VARIÂNCIAS CONSISTENTE COM A HETEROCEDASTICIDADE

Em caso de suspeita ou comprovação da presença de heterocedasticidade, pode-se utilizar um estimador alternativo para estimar a matriz de co-variâncias dos parâmetros do modelo. Com isto, resolve-se o problema de um possível viés do estimador OLS, comentado na seção anterior. White (1980) denominou este procedimento alternativo de estimador da matriz de co-variâncias consistente com a heterocedasticidade (HCCME). O HCCME é dado por

$$(\mathbf{X}'\mathbf{X})^{-1}\mathbf{X}'\hat{\mathbf{\Omega}}\mathbf{X}(\mathbf{X}'\mathbf{X})^{-1} \qquad (4.9)$$

onde **X** é uma matriz n x k com n observações para cada uma das k variáveis independentes. **X**′ é a matriz **X** transposta e $(\mathbf{X}'\mathbf{X})^{-1}$ é a inversa do produto matricial entre parênteses. Considere que $\hat{u}_i^2$ representa o resíduo da regressão linear associado à i-ésima observação elevado ao quadrado. Tem-se, então, que $\mathbf{\Omega}$ é uma matriz quadrada de ordem n em cuja diagonal principal figuram os resíduos $\hat{u}_i^2$ correspondentes a cada uma das observações da amostra e cujos demais elementos assumem o valor zero.

O uso do HCCME garante estimativas corretas, assintoticamente, das variâncias e co-variâncias dos parâmetros estimados por OLS. Para amostras finitas, porém, o procedimento originalmente proposto por White (1980) é considerado por diversos autores como pouco adequado. Especificamente, Davidson & MacKinnon (1993) propõem alguns ajustes para o caso de amostras de tamanho limitado, recomendando fortemente seu uso. Tais adaptações, em essência, referem-se aos elementos da diagonal da matriz $\mathbf{\Omega}$. A primeira delas sugere a substituição do termo $\hat{u}_i^2$ por

$$\frac{n}{n-k}\hat{u}_i^2$$

Este procedimento alternativo foi denominado pelos autores de HC_1 para diferenciá-lo do originalmente proposto, batizado de HC_0. Listam-se abaixo, então, as formas de $\mathbf{\Omega}$ associadas à definição convencional do HCCME (HC_0) e às suas definições alternativas (de HC_1 a HC_3)

$$HC_0 : \hat{u}_i^2$$

$$HC_1 : \frac{n}{n-k}\hat{u}_i^2$$

$$HC_2 : \frac{\hat{u}_i^2}{1-h_i}$$

$$HC_3 : \frac{\hat{u}_i^2}{(1-h_i)^2}$$

onde h_i corresponde ao *i*-ésimo elemento da diagonal principal de **P**. **P**, por sua vez, é uma matriz quadrada de ordem *n,* definida como $\mathbf{P} \equiv \mathbf{X}(\mathbf{X}'\mathbf{X})^{-1}\mathbf{X}'$. Para uma discussão sobre a forma de construção e sobre os méritos associados a cada uma destas alternativas, ver Davidson & MacKinnon (1993, pp. 552 a 556). Todos os procedimentos descritos nesta seção são utilizados na análise dos modelos empíricos.

3.2.4. TESTE DE NORMALIDADE DOS RESÍDUOS

Conforme descrito no pressuposto 5, o MRL assume que os termos de erro do modelo distribuem-se como uma normal. Diversos resultados importantes dependem deste pressuposto, em particular a correta definição das distribuições exatas de probabilidade associadas às estatísticas dos testes de hipótese. Exemplos importantes envolvem as estatísticas *t* e *F*. Se não for razoável admitir a normalidade dos erros, não será possível assegurar que elas distribuem-se exatamente como uma distribuição do tipo T de Student e F, respectivamente[2]. A violação da condição 5 pode, então, conduzir a inferências erradas causadas por testes de hipótese inválidos. Também se relaciona com a suposição de normalidade a garantia de eficiência (menor variância possível) do estimador de OLS. É possível argumentar, ainda, que a violação desta condição pode ser indicativa de especificação errada do modelo (Davidson & MacKinnon, 1993).

Para verificar a aderência dos modelos estimados ao pressuposto de normalidade, utiliza-se o teste de Jarque-Bera, o qual, na prática, verifica a presença de curtose e a assimetria excessivas na série de resíduos estimados da regressão. Com isto, assume-se, implicitamente, que os resíduos constituem-se

[2] Deve-se observar, não obstante, que alguns destes resultados ainda podem ser válidos assintoticamente mesmo na presença de erros não normais, como argumenta Greene (2000).

numa aproximação satisfatória dos reais termos de erro, os quais não são observados. A estatística do teste de Jarque-Bera (*JB*) pode ser definida como

$$JB = n\left[\frac{S^2}{6} + \frac{(K-3)^2}{24}\right] \qquad (4.10)$$

onde *S* é o coeficiente de assimetria dos resíduos (*skewness*), *K* é sua curtose e *n* é o número de observações da amostra. *S* é calculada como

$$S = \frac{1}{n}\sum_{i=1}^{n}\left(\frac{\hat{u}_i - E[\hat{u}]}{\hat{\sigma}_u}\right)^3 \qquad (4.11)$$

onde $\hat{u}_i$ é o resíduo da regressão associado à *i*-ésima observação, $E[\hat{u}]$ é a média dos resíduos e $\hat{\sigma}_u$ é seu desvio-padrão. *K*, por seu turno, é dado por

$$K = \frac{1}{n}\sum_{i=1}^{n}\left(\frac{\hat{u}_i - E[\hat{u}]}{\hat{\sigma}_u}\right)^4 \qquad (4.12)$$

A estatística *JB* distribui-se, assintoticamente, como uma χ^2 com 2 graus de liberdade e o teste assume, como hipótese nula, que os resíduos seguem uma distribuição normal.

A rejeição da hipótese de normalidade sugere a reespecificação do modelo, o que pode ou não envolver transformações de variáveis. Outro procedimento de ajuste é o isolamento ou a eliminação de observações extremas causadoras do problema.

Como exemplo, o teste de normalidade foi aplicado às regressões apresentadas no Capítulo 4, item 3.1, Tabelas 4.1 e 4.2. As Figuras 4.3 e 4.4 mostram os resultados, reportando um histograma dos resíduos da regressão, os valores de *S* e de *K*, da estatística *JB* e do valor de probabilidade (*valor-p*) associado ao valor da estatística.

As figuras mostram que, em ambos os casos, a hipótese nula de normalidade dos resíduos é veementemente rejeitada. Os valores esperados de *S* e *K* são 0 e 3, respectivamente, bem diferentes dos reportados. Com isto, o valor de *JB* é bastante elevado, como atestam os *valores-p* próximos de zero (valores de *JB* acima de 6 podem ser considerados elevados). Os *valores-p* indicam que a hipótese de normalidade não se sustenta nos níveis de significância de 5% ou 1%, podendo-se rejeitá-la seguramente. Desta forma, os modelos mostram-se inadequados e demandam ajuste.

Figura 4-3 — Histograma dos resíduos e teste de normalidade de Jarque-Bera, grupo G1 (empresas com muitas oportunidades)

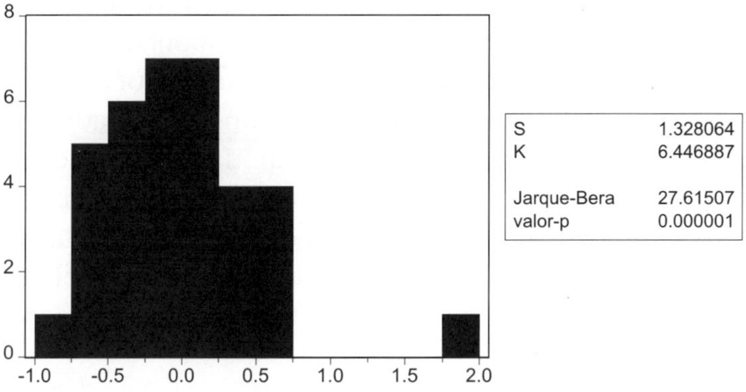

Figura 4-4 — Histograma dos resíduos e teste de normalidade de Jarque-Bera, grupo G2 (empresas com poucas oportunidades)

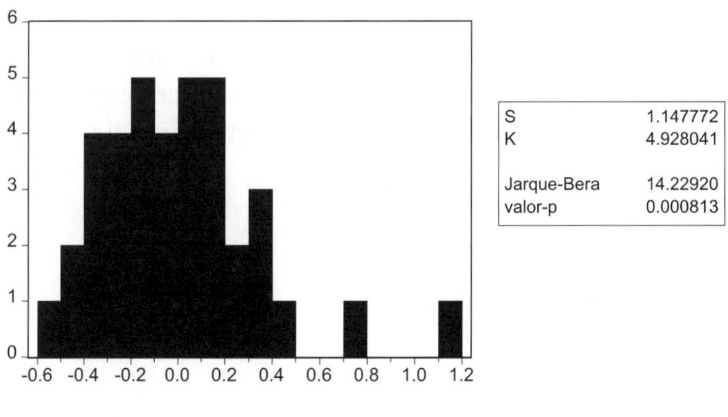

3.2.5. Seleção de modelos

Uma preocupação central neste trabalho é a construção de modelos empíricos adequados, no maior grau possível, aos pressupostos de um modelo de regressão linear, considerando as hipóteses da pesquisa e os dados disponíveis. Neste contexto, procura-se, dentro dos referenciais teóricos adotados no trabalho, especificar modelos que apresentem boa qualidade estatística e, para atingir este fim, são utilizados alguns critérios de seleção dentre as diferentes alternativas possíveis.

Em essência, três critérios são preferencialmente adotados. O primeiro é o R-quadrado ajustado, indicador numérico do quão bem o modelo especificado explica o comportamento da variável dependente. O segundo critério considera os níveis de significância estatística dos regressores, tomados isoladamente (testes *t*) e em conjunto (testes do tipo *F*). O terceiro e mais importante utiliza o chamado critério de informação de Schwarz (*SIC*), também conhecido como critério de informação Bayesiano (*BIC*). O uso do *SIC* é adequado por ser ele uma medida que sintetiza a idéia de ajuste numérico (relacionado ao R-quadrado) e significância estatística dos coeficientes, relacionando-as, ainda, à noção de "significância econômica" da variável, associada ao valor absoluto de seu coeficiente. A idéia da significância econômica é que uma variável com coeficiente relativamente alto pode ser, sob certas circunstâncias, mais interessante para o modelo do que outra com maior nível de significância estatística, porém com coeficiente de valor relativamente pouco expressivo.

O *SIC* é definido genericamente como[3]

$$SIC = -2\frac{L}{n} + \frac{k \log n}{n} \tag{4.13}$$

onde k é o número de parâmetros estimados, n é o número de observações da amostra e L é a função de log-verossimilhança calculada com base nos parâmetros do modelo. Na prática, assumindo-se a distribuição normal para caracterizar o modelo de regressão linear do tipo $\mathbf{y} = \mathbf{X}\boldsymbol{\beta} + \mathbf{u}$ e calculando-se a função de log-verossimilhança para ele, obtém-se, resumidamente

$$SIC = \log\left(\frac{\mathbf{u}'\mathbf{u}}{n}\right) + \frac{k \log n}{n} \tag{4.14}$$

onde $\mathbf{u}$ é o vetor coluna de resíduos da regressão e $\mathbf{u}'$ é o vetor linha resultante de sua transposição. Na verdade, a expressão efetivamente implementada é mais extensa do que a mostrada em (4.14) em razão da existência de alguns termos constantes derivados da função de log-verossimilhança. Tais constantes, todavia, não

[3] Diferentes autores costumam apresentar o *SIC* com formulações ligeiramente distintas entre si. A formulação mostrada em (4.13) foi a adotada nesta pesquisa.

influenciam a comparação entre modelos alternativos e, por isso, foram omitidas, com vistas a simplificar a exposição.

A interpretação da expressão (4.14) é simples: deve-se escolher, dentre as diversas especificações alternativas, aquela com menor *SIC*. Observa-se, em sua formulação, que o *SIC* penaliza modelos com número excessivo de regressores, procurando, assim, um equilíbrio entre o grau de ajuste do modelo e uma especificação parcimoniosa para o mesmo.

3.2.6. Análise de influência

A identificação de observações extremas ou muito influentes pode ser importante no processo de análise e ajuste dos modelos empíricos. Saber quais observações exercem um impacto desproporcional sobre o valor dos coeficientes estimados é importante num exame de sensibilidade e robustez do modelo. Eventuais observações com esta característica podem ser isoladas para que se verifique se os resultados são estáveis, "qualitativamente". Por exemplo, pode-se investigar se os sinais dos coeficientes relevantes ou suas significâncias mantêm a coerência mesmo quando são isoladas observações "anormais". Também, observações muito influentes e/ou extremas podem ser isoladas para melhorar a qualidade estatística do modelo quando outros procedimentos de correção não se mostram suficientes ou quando existem justificativas específicas para assim proceder. Alguns autores apontam, por exemplo, que uma observação excessivamente influente em comparação com os demais integrantes da amostra pode ser um indício de erro de mensuração do dado, se não houver justificativa para a discrepância.

Outliers podem ser identificados através dos resíduos da regressão, originais ou padronizados. Não é apenas a magnitude do resíduo, entretanto, que determina se uma observação é muito influente. É preciso também levar em conta seu potencial para alterar o valor dos coeficientes estimados. Uma medida deste tipo é dada por h_i, descrita no Capítulo 4, item 3.2.3. h_i é um importante componente para a estimação de $\hat{\boldsymbol{\beta}}^{(i)}$, definido como o vetor de coeficientes estimados excluindo-se a i-ésima observação. h_i é conhecida, como a "alavancagem" associada à referida observação. O outro componente do estimador de $\hat{\boldsymbol{\beta}}^{(i)}$ é o resíduo $\hat{u}_i$. Unindo-se h_i e $\hat{u}_i$, obtém-se a medida do impacto de cada observação sobre os parâmetros estimados do modelo, conhecida como a Distância de Cook e calculada como

$$Cook = \left(\frac{h_i}{1-h_i} \right) \hat{u}_t \qquad (4.15)$$

Freqüentemente, o cálculo da Distância de Cook na prática envolve o termo $\hat{u}_i$ elevado ao quadrado ou em módulo.

3.3. A relação entre valor e alavancagem

Os procedimentos descritos ao longo do Capítulo 4, item 3.2 foram utilizados na construção de modelos empíricos, procurando as especificações que conduzissem a inferências adequadas, à luz das teorias discutidas e considerando o conjunto de variáveis de controle disponíveis.

3.3.1. Empresas com muitas oportunidades disponíveis

Primeiramente, relatam-se abaixo os principais resultados obtidos com os dados do período 2000/1999 no grupo G1, o das empresas com muitas oportunidades de investimento rentável disponíveis.

No processo de construção dos modelos são realizados, em cada etapa, os testes que verificam sua adesão aos pressupostos do MRL. Também são investigados os valores extremos e/ou influentes através da análise dos resíduos, da alavancagem e da Distância de Cook. Como método de seleção entre especificações alternativas, utilizam-se, além dos referidos testes, as informações de significância estatística, R-quadrado ajustado e o Critério de Informação de Schwarz. Embora muitas especificações tenham sido testadas, apenas os resultados mais importantes são aqui relatados em razão da limitação de espaço do trabalho, da razoável estabilidade dos resultados e das substanciais diferenças de qualidade dos modelos construídos.

Dentre todas as variáveis de controle disponíveis para o grupo G1 no período 2000/1999, as que proporcionaram a melhor qualidade geral e, portanto, as inferências mais confiáveis, foram as variáveis VAA, representando o valor de mercado das ações sobre os ativos totais (ver Capítulo 3, item 3.4.5, letra c), e duas variáveis *dummy* setoriais. Portanto, neste caso, medidas de rentabilidade histórica, tamanho da empresa e política de dividendos, entre outras, ficaram de fora, pois não agregaram informações relevantes ao modelo.

A classificação setorial que se mostrou mais relevante foi a baseada no sistema *SIC Division* (ver Capítulo 3, item 3.4.4). No caso em questão, as empresas dividiam-se em cinco grandes áreas de atuação: Comércio Atacadista (ComAtac), Comércio Varejista (ComVar), Construção (Constr), Manufaturados (Manuf) e Mineração (Miner). Destes, mostraram-se relevantes os setores Comércio Atacadista e

Comércio Varejista.

Assim, o modelo final é especificado na forma

$$q = a + b_1 A + b_2 VAA + b_3 ComAtac + b_4 ComVar + e \qquad (4.16)$$

A Tabela 4-3 mostra os coeficientes e outras informações da regressão.

Tabela 4-3 — Modelo (4.16), grupo G1 (empresas com muitas oportunidades)

Variável Dependente: *q* Método: Mínimos Quadrados (OLS) Observações Incluídas: 31				
Variável	**Coeficiente**	**Erro Padr.**	**Estat.-t**	***valor-p.***
a - Constante	0.089124	0.034254	2.601832	0.0151
A	**0.716169**	0.089508	8.001197	**0.0000**
VAA	0.938246	0.029328	31.99157	0.0000
ComAtac	-0.132491	0.089707	-1.476933	0.1517
ComVar	-0.131236	0.066034	-1.987398	0.0575
R-quadrado	0.983233	Estatística F		381.1739
R-quadrado Ajustado	0.980654	*valor-p* (Estat. F)		0.000000
Log-verossimilhança	3.440.571	SIC		-1.665854

A tabela mostra que o coeficiente da alavancagem é positivo e significativamente diferente de zero, embora seu valor seja substancialmente inferior ao reportado na especificação preliminar mostrada na Tabela 4-1. Com isto, rejeita-se a hipótese segundo a qual o valor do coeficiente de *A* seria negativo para o grupo G1. Este resultado é bastante estável e se mantém em especificações alternativas.

O teste de normalidade dos resíduos é reportado na Figura A-1[4]. Observa-se pela figura que a hipótese de normalidade não pode ser rejeitada, como indica o alto *valor-p* (acima de 80%). Porém, no caso específico dos dados pertinentes ao grupo G1 do período 2000/1999, este resultado não pôde ser garantido apenas através de reespecificações sucessivas ou da transformação logarítmica das variáveis. Notou-se a existência de algumas observações muito discrepantes em relação ao conjunto dos dados, as quais impossibilitavam a construção de um modelo com boa qualidade. Em certos casos, analisados individualmente, poder-se-ia mesmo suspeitar de erro de mensuração

[4] As Figuras de A-1 à A-15 estão nos Apêndices à partir da página 191.

ou de alguma anormalidade circunstancial da empresa. Este tipo de diagnóstico é auxiliado pela verificação dos resíduos e de medidas como a alavancagem (h_i)e a Distância de Cook, mostradas, como exemplo, nas Figura A-2, Figura A-3 e Figura A-4.

O gráfico das Distâncias de Cook, por exemplo, mostra que uma única observação exerce impacto muito substancial sobre os valores dos coeficientes, merecendo atenção específica. Com base em tais diagnósticos, optou-se pela eliminação de quatro observações. É importante notar, não obstante, que os resultados apontam na mesma direção com ou sem as observações extremas.

Outro indicador da adequação estatística do modelo é a verificação da condição de homocedasticidade dos resíduos. Para tal fim, utilizou-se, como primeiro procedimento, o teste genérico de White (Capítulo 4, item 3.2.2) sem termos cruzados e com termos cruzados, reportados nas Tabelas A-1[5] e Tabela A-2.

Em ambos os casos mostrados no Apêndice, é facilmente verificável pelo *valor-p* associado à estatística de teste *W* que não é possível rejeitar a hipótese de homocedasticidade dos resíduos.

Conforme discutido no Capítulo 4, item 3.2.2, o procedimento sugerido por White (1980) também pode ser interpretado como um teste de especificação correta do modelo e de independência dos termos de erro em relação aos regressores. Em especial esta última condição merece exame. A possibilidade de existirem variáveis omitidas correlacionadas com o erro e com algum dentre os regressores utilizados não pode ser descartada, *a priori*. Também não pode ser descartada a potencial existência de erros de mensuração não desprezíveis nos dados. Além disso, regressores como *A* e *VAA* entram, direta ou indiretamente, na construção da variável dependente, *q*. Qualquer uma destas razões poderia justificar a violação da condição $E[\mathbf{u}|\mathbf{X}]=\mathbf{0}$ (ver Capítulo 4, item 3.2 e Greene, 2000), introduzindo um sério problema para o modelo. Daí a importância de um bom resultado do teste de White, sugerindo que o pressuposto de independência dos termos de erro provavelmente não é violado, assim como provavelmente não é violada a condição de homocedasticidade. Aponta-se, neste caso, para uma boa qualidade geral da especificação.

Um procedimento mais específico e possivelmente mais poderoso para identificar heterocedasticidade é o teste de Breusch-Pagan. Para realizá-lo, é preciso apontar o elemento causador ou os elementos supostamente causadores do problema. Supondo, por exemplo, que empresas com diferentes alavancagens financeiras possuem

[5] As Tabelas de A-1 à A-58 estão nos Apêndices à partir da página 193.

diferentes variâncias de seus valores de mercado, pode-se montar o teste especificando na matriz **Z** uma constante e a variável A. Procede-se, então, de forma similar ao mostrado nas Tabelas A-1 e Tabela A-2, utilizando uma regressão auxiliar cuja variável dependente é o resíduo ao quadrado do modelo original. A Tabela A-3 mostra o teste construído a partir da especificação de heterocedasticidade mencionada.

BP é a estatística do teste e o valor de probabilidade a ela associado, neste caso, é de aproximadamente 15,91%. Assim sendo, não é possível rejeitar a hipótese nula de homocedasticidade nos níveis de significância de 5% ou 1%. A Tabela A-4 traz os resultados do teste considerando outras possíveis causas de heterocedasticidade. Em nenhum caso rejeita-se a hipótese de homocedasticidade a 5% ou 1%.

Embora nenhum teste tenha identificado com clareza alguma forma de heterocedasticidade, é sempre possível suspeitar de sua presença em estudos de seção transversal similares ao aqui apresentado. É possível, por exemplo, que características específicas do negócio da empresa influenciem a volatilidade de seu valor de mercado. Se nem todas estas características são apreendidas pelas variáveis de controle, incluindo as variáveis *dummy* setoriais, não será surpreendente se as variâncias dos termos de erro associados aos diversos componentes da amostra diferirem substancialmente entre si.

Conforme discutido no Capítulo 4, item 3.2.2, a heterocedasticidade introduz um viés na estimação da matriz de variâncias e co-variâncias dos parâmetros do modelo linear. Tendo em vista a suspeita comentada no parágrafo anterior, é prudente o uso, além do estimador convencional de OLS, de estimadores consistentes mesmo na presença de heterocedasticidade (HCCME).

Foram utilizadas as diversas versões do HCCME apresentadas no Capítulo 4, item 3.2.3 no cálculo dos erros-padrão dos coeficientes do modelo mostrado na Tabela 4-3. Reporta-se, como exemplo, as estimativas dos erros-padrão calculadas com a versão HC_1.

Tabela 4-4 — Modelo (4.16) utilizando o HCCME, grupo G1

Variável Dependente: *q* Método: Mínimos Quadrados (OLS) Observações Incluídas: 31				
Variável	**Coeficiente**	**Erro Padr. – HC_1**	**Pseudo-t**	***valor-p.***
a - Constante	0.089124	0.037537	2.374319	0.0252
A	**0.716169**	0.122276	5.857003	**0.0000**
VAA	0.938246	0.041221	22.76147	0.0000
ComAtac	-0.132491	0.020347	-6.511543	0.0000
ComVar	-0.131236	0.045104	-2.909616	0.0073
R-quadrado	0.983233	Estatística F		381.1739
R-quadrado Ajustado	0.980654	*valor-p* (Estat. F)		0.000000
Log-verossimilhança	3.440.571	SIC		-1.665854

Nota-se, observando a Tabela 4-4, que os valores dos coeficientes, R-quadrado e demais indicadores da regressão são idênticos aos reportados na Tabela 4-3. Apenas os erros-padrão dos coeficientes são diferentes, alterando, por conseqüência, os valores das estatísticas *t* e seus correspondentes *valores-p*. Observa-se, então, que, embora o valor de *t* associado à variável *A* tenha diminuído, seu coeficiente continua altamente significante, assim como são significantes, no nível de 5%, todos os demais coeficientes do modelo. Na Tabela 4-5 são relacionados os *valores-p* associados a cada uma das variáveis da regressão calculados a partir das quatro versões do HCCME.

Tabela 4-5 — Modelo (4.16) – Valores-p *utilizando 4 versões do HCCME, grupo G1*

Valor-p				
Variável	**HC_0**	**HC_1**	**HC_2**	**HC_3**
a - Constante	0.015430	0.025248	0.120508	0.374676
A	8.95E-07	3.56E-06	0.000439	0.028168
VAA	1.20E-19	1.07E-18	1.04E-16	2.29E-13
ComAtac	1.50E-07	6.67E-07	2.15E-05	0.003711
ComVar	0.003813	0.007321	0.025139	0.093307

Observa-se que, em qualquer caso, a variável *A* é significante no nível de 5% e apenas em HC_3 não é significante no nível de 1%, atestando a robustez dos resultados encontrados.

Um último diagnóstico remete ao problema da multicolinearidade entre os regressores do modelo, comentado no Capítulo 4, item 3.2.1. Na Tabela A-5 são reportados os fatores de inflação de variância (VIF). Valores altos do VIF indicam um possível problema de multicolinearidade. A "tolerância", por sua vez é o inverso do VIF e, portanto, problemas de multicolinearidade estão associados a valores muito baixos desta medida. Os resultados mostram que não se registra nenhum indício do problema. Considerando o elevado valor do R-quadrado do modelo, apenas valores do VIF acima de 30 (ou da tolerância abaixo de 0,03) poderiam trazer alguma preocupação.

A Tabela A-6 traz o número de condição (NC), calculado a partir das raízes características da matriz de regressores (λ 's). Conforme anteriormente exposto, valores de NC acima de 20 indicam possíveis problemas graves de multicolinearidade. O NC geral do modelo, todavia, foi estimado em 4,416, um valor suficientemente pequeno para descartar problemas desta natureza.

Como corolário das análises descritas até este ponto, pode-se argumentar que o modelo apresentado na Tabela 4-3 apresenta adequada qualidade estatística, com boa adesão aos pressupostos de um MRL. Outras especificações resultaram em valores diferentes para o coeficiente da variável *A*. Não obstante, os melhores modelos conduzem a conclusões similares, corroborando a significativa relação positiva entre *q* e *A*.

A despeito dos resultados apresentados mostrarem um relacionamento positivo entre as variáveis pertinentes, é interessante investigar se tal relacionamento é efetivamente linear ou se algum formato curvilíneo pode ser identificado. O modelo de Stulz (1990) prevê a existência de uma estrutura ótima de capital. Isso significa que o endividamento exerceria um efeito positivo sobre o valor da empresa até o ponto no qual o problema potencial do subinvestimento, motivado pela excessiva alavancagem financeira, se tornasse maior do que os benefícios da dívida. A partir daí, a inclinação da curva passaria a ser negativa, como mostra a Figura 2-5, no Capítulo 2, item 10.5. Tal relação curvilínea pode ser captada com a inclusão no modelo de um termo quadrático de *A*. A Tabela 4-6 mostra uma especificação desta natureza, representada pela equação (4.17)

$$q = a + b_1 A + b_2 A^2 + b_3 VAA + b_4 ComAtac + b_5 ComVar + e \quad (4.17)$$

As informações estatísticas constantes da Tabela 4-6 apontam para um modelo com qualidade ainda melhor do que o mostrado na Tabela 4-3, como atestam os valores do R-quadrado ajustado e do critério de informação de Schwarz (*SIC*). Deve-se ressalvar, não obstante, que uma observação muito discrepante precisou ser removida para garantir a condição de normalidade dos resíduos.

Os coeficientes de A e de A^2 revelam-se altamente significantes, mostrando que o termo A^2 acrescenta informações relevantes ao modelo, mesmo após filtrada a influência de A. Mais importante, o sinal de A^2 é negativo, indicando a existência de um valor da alavancagem que maximiza q, acima do qual a relação entre A e q torna-se negativa.

Tabela 4-6 — Modelo (4.17), grupo G1 (empresas com muitas oportunidades)

Variável Dependente: ***q*** **Método: Mínimos Quadrados (OLS)** **Observações Incluídas: 31**				
Variável	**Coeficiente**	**Erro Padr.**	**Estat.-t**	***valor-p.***
a - Constante	-0.083678	0.044388	-1.885172	0.0716
A	**1.564622**	0.196192	7.974974	**0.0000**
A^2	**-0.837013**	0.185229	-4.518799	**0.0001**
VAA	0.988348	0.022531	43.86620	0.0000
ComAtac	-0.083901	0.063408	-1.323197	0.1982
ComVar	-0.160835	0.046331	-3.471449	0.0020
R-quadrado	0.992395	Estatística F		626.3291
R-quadrado Ajustado	0.990810	*valor-p* (Estat. F)		0.000000
Log-verossimilhança	4.489.444	SIC		-2.312723

A relação curvilínea comentada pode ser visualizada plotando-se a equação acima contra a alavancagem, com A variando hipoteticamente entre 0 e 1,15 e fixando-se em zero os valores das demais variáveis, como mostra a Figura 4-5 a seguir.

Figura 4-5 — Gráfico q *x* A, *utilizando a equação da Tabela 4-6, grupo G1*

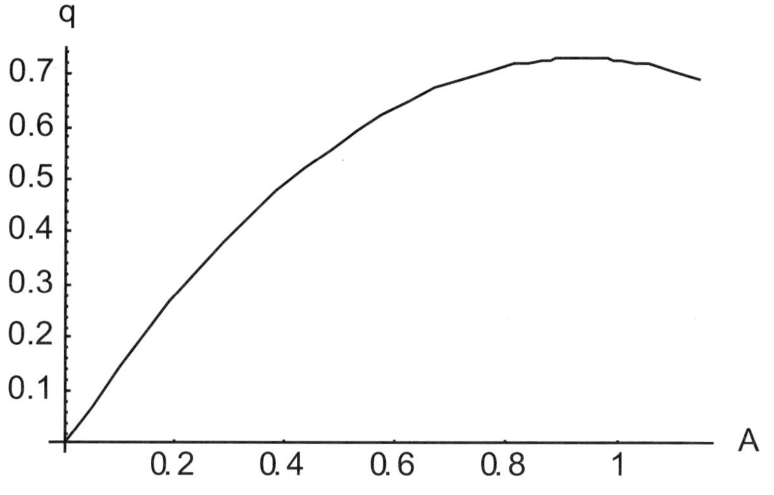

Considerando estes coeficientes, tudo o mais constante, pode-se verificar, fazendo $\partial q/\partial A = 0$, que o ponto de máximo da função é obtido quando A assume o valor aproximado de 0,93. Deste ponto em diante, aumentos da alavancagem reduzem o valor da empresa.

Os testes usuais de adequação estatística do modelo são reportados no Apêndice. Da Figura A-5 consta o teste de normalidade dos resíduos. Abaixo dela, figuram os testes de White e de Breusch-Pagan. Os resultados de diagnóstico são bastante satisfatórios, de forma geral, confirmando a boa qualidade do modelo.

Os diagnósticos de colinearidade constam da Tabela A-10 e da Tabela A-11. Não seria surpreendente se um problema desta natureza ficasse evidenciado no modelo em razão de sua forma funcional com um termo quadrático. De fato, os valores do VIF são substancialmente superiores aos registrados na Tabela A-5. Contudo, considerando o R-quadrado próximo de 1 do modelo, não se pode caracterizar a existência de multicolinearidade (apenas valores do VIF nas proximidades de 50 indicariam problemas). O NC do modelo, acima de 14, também se mostra alto se comparado com a especificação anterior, embora esteja ainda distante do valor crítico de 20.

Quando os erros-padrão dos coeficientes são estimados utilizando as várias versões do HCCME os resultados permanecem coerentes, com uma única exceção. A Tabela 4-7 mostra os *valores-p* dos coeficientes estimados com tais métodos.

Tabela 4-7— Modelo (4.17) – Valores-p utilizando 4 versões do HCCME, grupo G1

Valor-p				
Variável	HC_0	HC_1	HC_2	HC_3
a - Constante	0.003172	0.006336	0.007760	0.083549
A	**2.39E-10**	**1.47E-09**	**4.02E-09**	**0.002614**
A^2	**3.77E-07**	**1.63E-06**	**2.65E-05**	**0.297153**
VAA	2.17E-23	2.03E-22	7.68E-21	7.01E-18
ComAtac	2.35E-05	7.57E-05	0.000534	0.007925
ComVar	0.003172	0.006336	0.007760	0.083549

Os *valores-p* indicam que os coeficientes de A e A^2 são significativos, estatisticamente, qualquer que seja o estimador de seus erros-padrão. Apenas em um caso, mostrado na última coluna da tabela acima, o coeficiente de A^2 não é significante[6] a 1% ou 5%.

Uma visualização diferente da mostrada na Figura 4-5 da relação dupla de *q* com *A* pode ser obtida através de gráficos de regressão parcial . Esse artifício é utilizado para evidenciar graficamente, com os dados reais transformados, a relação entre duas variáveis, filtrando-se os efeitos dos demais componentes do modelo linear. A Figura 4-6 e a Figura 4-7 mostram, respectivamente, o relacionamento positivo e negativo entre valor e alavancagem.

Figura 4-6 — Gráfico de resíduos de q *x* A *(regressão parcial), modelo (4.17), grupo G1*

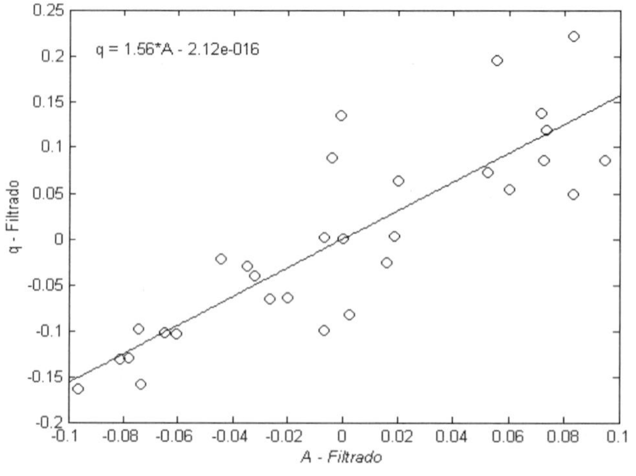

[6] Nota-se que a versão HC_3 do HCCME é a mais conservadora, normalmente produzindo valores elevados dos erros-padrão.

Figura 4-7 — Gráfico de resíduos de q *x* A^2 *(regressão parcial), modelo (4.17), grupo G1*

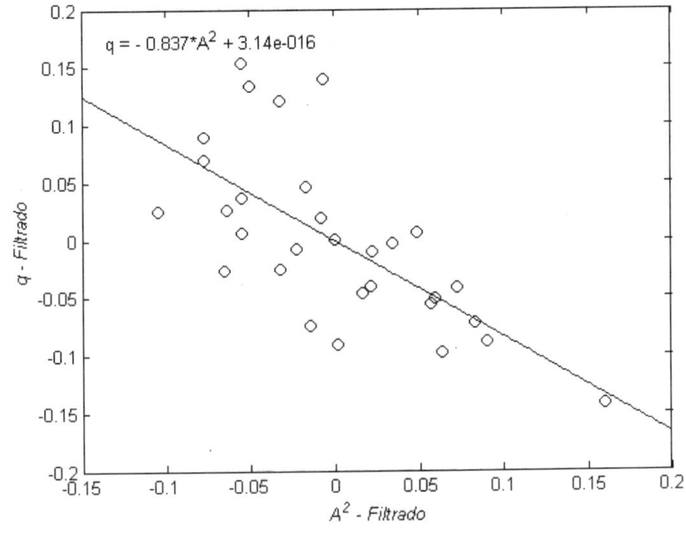

Observa-se nas figuras que os dados plotados não são, naturalmente, os originais e sim transformações dos mesmos cujo efeito é filtrar da relação entre as variáveis as influências de todos os demais componentes do modelo. Os gráficos apresentam, então, regressões simples com constante entre os valores transformados de q e os valores transformados de A e A^2, respectivamente. As equações constantes da parte superior esquerda das figuras mostram estas regressões. Note-se que os coeficientes de A e A^2 são exatamente iguais aos reportados na Tabela 4-6. Para efeito de comparação, a Figura 4-8 plota os valores originais de q e A^2, evidenciando um relacionamento aparentemente positivo entre as variáveis.

Figura 4-8 — Gráfico de q *x* A^2 *utilizando os dados originais, grupo G1*

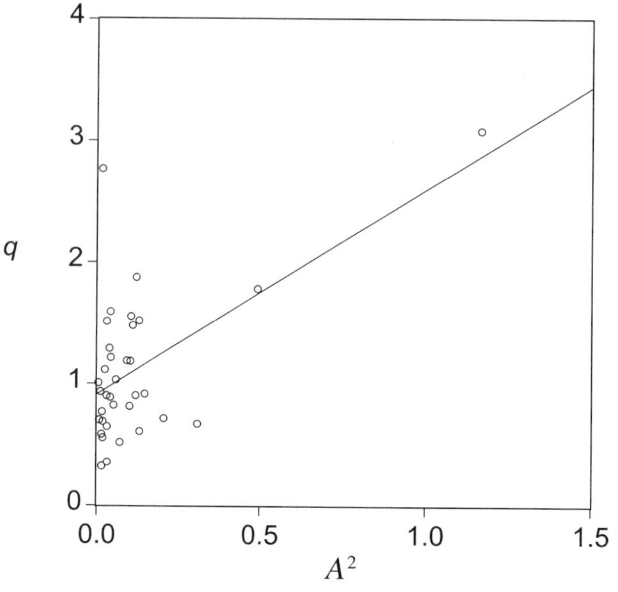

Outras formas funcionais potencialmente relevantes para caracterizar o relacionamento entre q e A foram testadas. Por exemplo, termos cúbicos de A foram acrescentados ao modelo. Nenhuma especificação alternativa deste tipo, porém, mostrou-se adequada.

3.3.2. Empresas com poucas oportunidades disponíveis

Relatam-se, a seguir, os principais resultados obtidos com os dados do período 2000/1999 no grupo G2, o das empresas com poucas oportunidades de investimento rentável disponíveis. Estes resultados são apresentados de forma mais sucinta, considerando que os procedimentos de diagnóstico e análise aqui utilizados são análogos aos discutidos na seção anterior.

O comportamento dos dados do grupo G2 mostrou-se consideravelmente distinto daquele observado em G1. A variável *VAA*, por exemplo, importante componente dos principais modelos de G1, não apresenta nenhum relacionamento importante com q ou A entre as empresas com poucas oportunidades. Na mesma linha, algumas variáveis não relevantes em G1 revelaram-se fundamentais na construção dos modelos em G2. Apenas para ilustrar este comentário, mostra-se abaixo a regressão de q em A e *VAA*.

Tabela 4-8 — Modelo ilustrativo, grupo G2 (empresas com poucas oportunidades)

Variável Dependente: *q* Método: Mínimos Quadrados (OLS) Observações Incluídas: 38				
Variável	**Coeficiente**	**Erro Padr.**	**Estat.-t**	***valor-p.***
a - Constante	0.169138	0.129151	1.309612	0.1989
A	**1.676146**	0.217235	7.715816	**0.0000**
VAA	**0.066757**	0.530478	0.125843	**0.9006**
R-quadrado	0.648153	Estatística F		32.23757
R-quadrado Ajustado	0.628048	*valor-p* (Estat. F)		0.000000
Log-verossimilhança	-12.51727	SIC		0.945981

Visualiza-se, na tabela acima, a inexpressividade de *VAA*. Seu coeficiente é estatisticamente insignificante, com grande probabilidade de ser efetivamente zero. O acréscimo de *VAA* à regressão deixa praticamente inalterado o valor do coeficiente de *A* (ver Tabela 4-2, no Capítlo 4, item 3.1), o que a torna supérflua na análise.

Dentre as especificações com qualidade satisfatória, escolheu-se para apresentação aquela representada pela expressão (4.18). Neste caso, mostraram-se relevantes as variáveis de controle *RALO*, definida como o lucro operacional da empresa sobre seu ativo (Capítulo 3, item 3.4.2, letra c), *DivPag*, correspondendo aos dividendos totais pagos pela empresa no período sobre seu ativo (Capítulo 3, item 3.4.3, letra b) e a variável *dummy* setorial *Constr*, representando o setor Construção de acordo com a classificação *SIC Division* (Capítulo 3, item 3.4.4).

$$q = a + b_1 A + b_2 RALO + b_3 DivPag + b_4 Constr + e \qquad (4.18)$$

Na verdade, como mostra a Tabela 4-9, a variável de controle mais importante é a *RALO*. *DivPag* e *Constr* não se mostram significantes quando é utilizado o estimador convencional OLS, em razão de seus coeficientes relativamente pequenos. Porém, quando se lança mão do HCCME (Tabela 4-10), estas variáveis mostram-se significativas e, embora não exerçam impacto substancial sobre o valor do coeficiente de *A*, contribuem de alguma forma para o aumento da qualidade geral do modelo. Observa-se, em qualquer caso, que o coeficiente de *A* é positivo, altamente significante e consideravelmente superior ao encontrado no grupo G1. A maior parte das especificações alternativas aponta para conclusões similares.

Tabela 4-9 — Modelo (4.18), grupo G2 (empresas com poucas oportunidades)

Variável Dependente: q **Método: Mínimos Quadrados (OLS)** **Observações Incluídas: 38**				
Variável	**Coeficiente**	**Erro Padr.**	**Estat.-t**	***valor-p.***
a - Constante	0.263614	0.043559	6.051858	0.0000
A	**1.013395**	0.140238	7.226247	**0.0000**
RALO	-1.473883	0.167564	-8.795940	0.0000
DivPag	-6.98E-06	7.30E-06	-0.956375	0.3458
Constr	-0.274306	0.195077	-1.406143	0.1690
R-quadrado	0.900819	Estatística F		74.93108
R-quadrado Ajustado	0.888797	*valor-p* (Estat. F)		0.000000
Log-verossimilhança	11.54143	SIC		-0.128814

Tabela 4-10 — Modelo (4.18), Utilizando o HCCME grupo G2 (empresas com poucas oportunidades)

Variável Dependente: q **Método: Mínimos Quadrados (OLS)** **Observações Incluídas: 38**				
Variável	**Coeficiente**	**Erro Padr. –** HC_1	**Pseudo-t**	***valor-p.***
a - Constante	0.263614	0.046055	5.723858	0.0000
A	**1.013395**	0.165627	6.118556	**0.0000**
RALO	-1.473883	0.177349	-8.310615	0.0000
DivPag	-6.98E-06	2.58E-06	-2.709416	0.0106
Constr	-0.274306	0.037099	-7.393940	0.0000
R-quadrado	0.900819	Estatística F		74.93108
R-quadrado Ajustado	0.888797	*valor-p* (Estat. F)		0.000000
Log-verossimilhança	11.54143	SIC		-0.128814

Reportam-se no Apêndice as análises de diagnóstico usuais. Elas mostram que o modelo apresenta qualidade bastante adequada. Os dados do grupo G2 apresentam-se razoavelmente homogêneos, de forma que nenhuma observação precisou ser isolada ou mereceu atenção particularizada.

Assim como foi feito para G1, investigou-se a existência de uma possível relação não linear entre q e A. A melhor especificação encontrada, neste caso, foi a reportada na Tabela 4-11 abaixo, correspondendo à expressão em (4.19).

$$q = a + b_1 A + b_2 A^2 + b_3 RALO + e \qquad (4.19)$$

Tabela 4-11 — Modelo (4.19), grupo G2 (empresas com poucas oportunidades)

Variável Dependente: *q* Método: Mínimos Quadrados (OLS) Observações Incluídas: 38				
Variável	**Coeficiente**	**Erro Padr.**	**Estat.-t**	***valor-p.***
a - Constante	0.346046	0.049220	7.030538	0.0000
A	**0.349973**	0.244158	1.433383	**0.1609**
A^2	**0.590966**	0.193143	3.059727	**0.0043**
RALO	-1.313622	0.162787	-8.069590	0.0000
R-quadrado	0.915504	Estatística F		122.7955
R-quadrado Ajustado	0.908049	*valor-p* (Estat. F)		0.000000
Log-verossimilhança	14.58610	SIC		-0.384786

Observando a tabela acima, verifica-se que não existe nenhuma relação negativa entre a A e q, inferência confirmada em todas as especificações alternativas testadas. Os coeficientes de A e A^2 são sempre positivos e, em qualquer caso, pelo menos um deles é não significativo. Na Tabela 4-11, a não significância está associada ao coeficiente de A, ou seja, não é possível rejeitar a hipótese nula de que o verdadeiro valor deste parâmetro é zero. Portanto, mesmo que se admita a existência de algum relacionamento não linear entre q e A, este certamente não assume a forma encontrada em G1 e mostrada graficamente na Figura 4-5. Se, por exemplo, fosse plotada a equação (4.19) para valores de A variando entre 0 e 1, ter-se-ia uma curva com a forma mostrada na Figura 4-9, crescendo monotonicamente para valores positivos da alavancagem.

Naturalmente, se fossem plotados gráficos de resíduos similares aos mostrados pela Figura 4-6 e Figura 4-7, nenhuma inclinação negativa apareceria, ao contrário do verificado na Figura 4-7.

Figura 4-9 — Gráfico q *x* A, *utilizando a equação da Tabela 4-11, grupo G2*

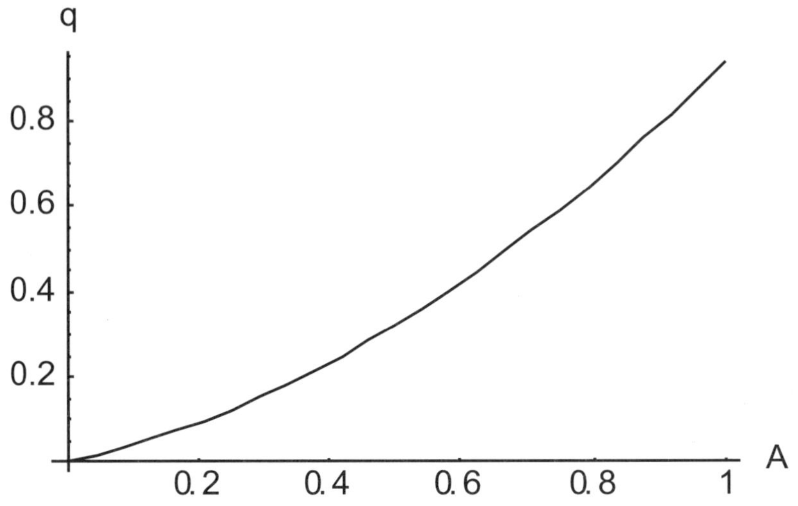

Relacionam-se no Apêndice os indicadores que subsidiam a análise de diagnóstico do modelo.

4. RESULTADOS DO PERÍODO 1998/1997

Repetindo o mesmo procedimento utilizado no período 2000/1999, sortearam-se 150 empresas do total das empresas pré-selecionadas para o período 1998/1997 para a composição da amostra geral. Desta, foram selecionados dois grupos contando com 38 empresas cada. O primeiro grupo, G1, é composto pelas empresas com maiores oportunidades de crescimento com VPL positivo disponíveis. O segundo grupo, G2, é composto pelas empresas com menores oportunidades disponíveis. Descartando-se as empresas com muitos dados faltantes, restaram 35 observações para G1 e 32 para G2.

4.1. A RELAÇÃO ENTRE VALOR E ALAVANCAGEM

Uma análise preliminar dos dados referentes ao período 1998/1997 mostra uma relação expressivamente mais fraca entre valor e alavancagem para os dois conjuntos de empresas, porém mantendo-se a coerência dos resultados. Aqui, aparece com mais clareza a maior importância relativa da alavancagem financeira para as empresas do grupo G2, embora o relacionamento entre *q* e *A* continue positivo em ambos os grupos. As Figura 4-10 e a Figura 4-11 confrontam as duas variáveis graficamente enquanto que a Tabela 4-12 e a Tabela 4-13 mostram as regressões simples para as empresas com muitas e com poucas oportunidades.

Figura 4-10 — Gráfico de q *x* A, *grupo G1 (empresas com muitas oportunidades)*

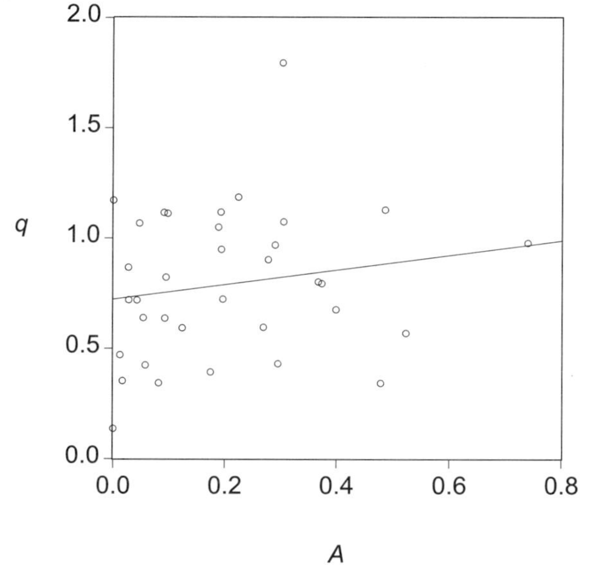

Figura 4-11 — Gráfico de q *x* A, *grupo G2 (empresas com poucas oportunidades)*

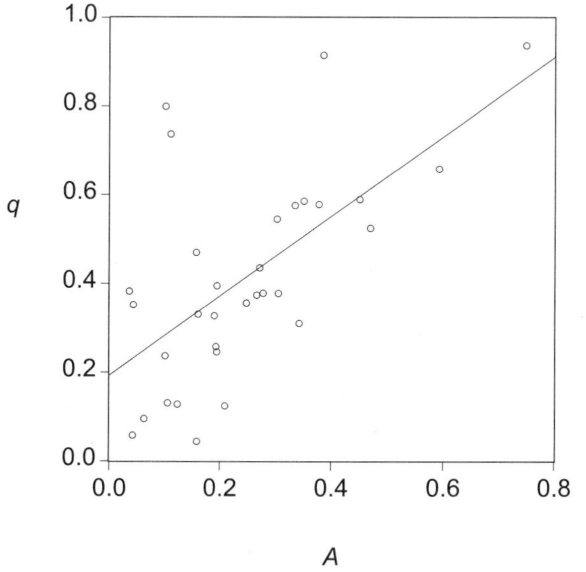

Tabela 4-12 — Regressão de q *x* A, *grupo G1 (empresas com muitas oportunidades)*

Variável Dependente: ***q***
Método: Mínimos Quadrados (OLS)
Observações Incluídas: 35

Variável	Coeficiente	Erro Padr.	Estat.-t	*valor-p.*
a - Constante	0.723179	0.087006	8.311792	0.0000
A	**0.331816**	0.323926	1.024358	**0.3131**
R-quadrado	0.030817	Estatística F		1.049308
R-quadrado Ajustado	0.001448	*valor-p* (Estat. F)		0.313117

Tabela 4-13 — Regressão de q *x* A, *grupo G2 (empresas com poucas oportunidades)*

Variável Dependente: ***q***
Método: Mínimos Quadrados (OLS)
Observações Incluídas: 35

Variável	Coeficiente	Erro Padr.	Estat.-t	*valor-p.*
a - Constante	0.193305	0.060455	3.197508	0.0033
A	**0.896628**	0.205055	4.372617	**0.0001**
R-quadrado	0.389248	Estatística F		19.11978
R-quadrado Ajustado	0.368890	*valor-p* (Estat. F)		0.000136

Os coeficientes de *A* são positivos em ambos os casos mostrados acima. Porém, o coeficiente mostrado na Tabela 4-12 é não significante, ao contrário do constante da Tabela 4-13. Graficamente, é fácil perceber que, para o grupo G1, o relacionamento entre as variáveis é bastante nebuloso. Todavia, ambos os modelos carecem de mínima qualidade estatística, desaconselhando-se inferências neles baseadas.

4.1.1. EMPRESAS COM MUITAS OPORTUNIDADES DISPONÍVEIS

Um modelo mais adequado para o grupo G1 é apresentado na Tabela 4-14, seguindo o formato

$$q = a + b_1 A + b_2 VAA + b_3 VAPL + b_4 RALOP + b_5 Manuf + e \quad (4.20)$$

VAPL é o valor de mercado das ações da empresa sobre seu patrimônio líquido, *RALOP* é o lucro operacional próprio sobre o ativo e *Manuf* é uma variável *dummy* setorial correspondente ao setor Manufaturados, adotando a classificação baseada no *SIC* (*Standard Industrial Code*) *Division*.

O modelo mostra, agora, uma alavancagem positiva e significativamente relacionada com o valor da empresa, com valor do coeficiente um pouco inferior ao encontrado no período 2000/1999 (0,687 contra 0,716). Quando o HCCME é utilizado para estimar os erros-padrão, os resultados, em termos de significância estatística, se mantêm, embora sempre num patamar inferior ao registrado para 2000/1999.

Tabela 4-14 — Modelo (4.20), grupo G1 (empresas com muitas oportunidades)

Variável Dependente: *q* Método: Mínimos Quadrados (OLS) Observações Incluídas: 34				
Variável	**Coeficiente**	**Erro Padr.**	**Estat.-t**	***valor-p.***
a - Constante	0.223960	0.096954	2.309948	0.0285
A	**0.687341**	0.207314	3.315454	**0.0025**
VAA	0.641365	0.126897	5.054222	0.0000
VAPL	0.144403	0.035237	4.098047	0.0003
RALOP	-0.982884	0.338514	-2.903528	0.0071
Manuf	-0.127155	0.054086	-2.350960	0.0260
R-quadrado	0.853544	Estatística F		32.63677
R-quadrado Ajustado	0.827391	*valor-p* (Estat. F)		0.000000
Log-verossimilhança	22.35015	SIC		-0.692416

A Tabela 4-15 mostra o mesmo modelo, substituindo-se o estimador de OLS da matriz de variâncias e co-variâncias dos parâmetros pelo HCCME, versão HC_1.

Tabela 4-15 — Modelo (4.20), grupo G1 (empresas com muitas oportunidades)

Variável Dependente: *q* Método: Mínimos Quadrados (OLS) Observações Incluídas: 34				
Variável	**Coeficiente**	**Erro Padr. – HC1**	**Pseudo-t**	***valor-p.***
a - Constante	0.223960	0.105021	2.132523	0.0419
A	**0.687341**	0.203974	3.369750	**0.0022**
VAA	0.641365	0.138938	4.616202	0.0001
VAPL	0.144403	0.037494	3.851354	0.0006
RALOP	-0.982884	0.273041	-3.599767	0.0012
Manuf	-0.127155	0.050933	-2.496506	0.0187
R-quadrado	0.853544	Estatística F		32.63677
R-quadrado Ajustado	0.827391	*valor-p* (Estat. F)		0.000000
Log-verossimilhança	22.35015	SIC		-0.692416

Abaixo, registram-se os procedimentos básicos de diagnóstico do modelo. Uma vez mais, os resultados gerais mostram qualidade satisfatória, possibilitando a produção de inferências mais seguras.

No caso específico desta formulação, poder-se-ia suspeitar da existência de um problema de multicolinearidade, em razão da presença simultânea de *VAA* e *VAPL*. Tal possibilidade é investigada pelos resultados da Tabela A-25 e da tabela A-26. A despeito das suspeitas, os indicadores lá mostrados não levam a crer na efetiva existência do problema.

Por economia de espaço, apenas a estatística *W* e seu correspondente *valor-p* são aqui reportados, visto que o modelo comporta um total de 20 termos.

Como nas seções anteriores, investigou-se a existência de uma possível relação curvilínea entre q e A. Os resultados, são coerentes com os obtidos no período 2000/1999. A Tabela 4-16 mostra uma equação na forma

$$q = a + b_1 A + b_2 A^2 + b_3 VAA + b_4 VAPL + b_5 RPL +$$
$$+ b_6 ComAtac + b_7 Manuf + e \qquad (4.21)$$

onde *RPL* é a rentabilidade histórica do patrimônio líquido da empresa, medida como lucro líquido sobre patrimônio líquido (Capítulo 3, item 3.4.2, letra b).

Tabela 4-16 — Modelo (4.21), grupo G1 (empresas com muitas oportunidades)

Variável Dependente: *q* Método: Mínimos Quadrados (OLS) Observações Incluídas: 34				
Variável	**Coeficiente**	**Erro Padr.**	**Estat.-t**	***valor-p.***
a - Constante	-0.002088	0.090936	-0.022963	0.9819
A	**1.854434**	0.488742	3.794299	**0.0008**
A^2	**-2.384897**	0.897973	-2.655866	**0.0133**
VAA	0.821763	0.124516	6.599660	0.0000
VAPL	0.098193	0.031341	3.133034	0.0043
RPL	-0.231692	0.065013	-3.563768	0.0014
ComAtac	-0.133379	0.136542	-0.976833	0.3377
Manuf	-0.087875	0.051917	-1.692597	0.1025
R-quadrado	0.874816	Estatística F		25.95638
R-quadrado Ajustado	0.841113	*valor-p* (Estat. F)		0.000000
Log-verossimilhança	25.01816	SIC		-0.641924

O coeficiente de *A* é positivo e significante e o de A^2 é negativo e significante a 5%. Este resultado se mantém, em termos aproximados, quando se utiliza o HCCME. O mostrado acima alinha-sc com o obtido em 2000/1999. Neste caso, porém, o benefício do endividamento parece ser menos importante, revelando-se a relação negativa entre *q* e *A* já a partir de valores de alavancagem nas imediações de 0,4, contra 0,93 para 2000/1999 (ver Capítulo 4, item 3.3.1). Um gráfico desta relação, com *A* variando entre 0 e 0,7, é mostrado na Figura 4-12.

Figura 4-12 — Gráfico q *x* A*, utilizando a equação da Tabela 4-16, grupo G1*

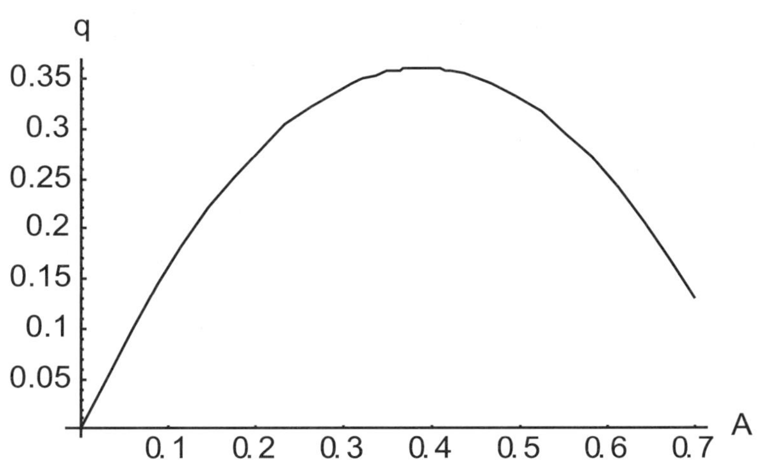

Os procedimentos de diagnóstico do modelo são relacionados no Apêndice.

4.1.2. EMPRESAS COM POUCAS OPORTUNIDADES DISPONÍVEIS

Para o grupo G2, o modelo escolhido para exposição assume a forma

$$q = a + b_1 A + b_2 VAPL + b_3 ComVar + b_4 Constr + b_5 Manuf + $$
$$+ b_6 Miner + e \qquad (4.22)$$

onde *ComVar*, *Constr*, *Manuf* e *Miner* são variáveis *dummy* e correspondem, respectivamente, aos setores Comércio Varejista, Construção, Manufaturados e Mineração, segundo a classificação *SIC Division* (ver Capítulo 3, item 3.4.4).

Tabela 4-17 — Modelo (4.22), grupo G2 (empresas com poucas oportunidades)

Variável Dependente: *q*
Método: Mínimos Quadrados (OLS)
Observações Incluídas: 30

Variável	Coeficiente	Erro Padr.	Estat.-t	*valor-p.*
a - Constante	0.302518	0.052230	5.792043	0.0000
A	**1.034797**	0.107125	9.659681	**0.0000**
VAPL	0.061301	0.010778	5.687630	0.0000
ComVar	-0.181001	0.102043	-1.773776	0.0893
Constr	-0.423127	0.079119	-5.348020	0.0000
Manuf	-0.205281	0.049881	-4.115439	0.0004
Miner	-0.319294	0.102493	-3.115284	0.0049
R-quadrado	0.875537	Estatística F		26.96568
R-quadrado Ajustado	0.843069	*valor-p* (Estat. F)		0.000000
Log-verossimilhança	33.29739	SIC		-1.426213

A relação entre valor e alavancagem evidenciada na Tabela 4-17 é bastante significativa, como indica a magnitude do coeficiente de *A* e o *valor-p* a ele associado. O tamanho do referido coeficiente em comparação com seu erro-padrão produz uma estatística *t* elevada, produzindo, assim, um *valor-p* próximo de zero mesmo quando se utilizam as versões mais conservadoras do estimador HCCME. Um exemplo deste resultado é mostrado abaixo, com o uso da versão HC_1 do HCCME.

Tabela 4-18 — Modelo (4.22), grupo G2 (empresas com poucas oportunidades)

Variável Dependente: *q* Método: Mínimos Quadrados (OLS) Observações Incluídas: 30				
Variável	**Coeficiente**	**Erro Padr. – HC1**	**Pseudo-t**	***valor-p.***
a - Constante	0.302518	0.039225	7.712447	0.0000
A	**1.034797**	0.136927	7.557288	**0.0000**
VAPL	0.061301	0.004979	12.31214	0.0000
ComVar	-0.181001	0.027261	-6.639587	0.0000
Constr	-0.423127	0.027981	-15.12182	0.0000
Manuf	-0.205281	0.038731	-5.300209	0.0000
Miner	-0.319294	0.029212	-10.93021	0.0000
R-quadrado	0.875537	Estatística F		26.96568
R-quadrado Ajustado	0.843069	*valor-p* (Estat. F)		0.000000
Log-verossimilhança	33.29739	SIC		-1.426213

Os procedimentos de diagnóstico do modelo são relacionados no Apêndice.

Assim como no período 2000/1999, não foi encontrada nenhuma relação curvilínea entre q e A no grupo G2 que indicasse a existência de uma estrutura de capital ótima. A melhor especificação quadrática encontrada foi a reportada nas Tabelas 4-19 e na Tabela 4-20 , correspondendo à expressão em (4.23).

$$q = a + b_1 A + b_2 A^2 + b_3 VAPL + b_4 Constr +$$

$$+ b_5 Manuf + b_6 Miner + e \qquad (4.23)$$

Tabela 4-19 — Modelo (4.23), grupo G2 (empresas com poucas oportunidades)

Variável Dependente: q **Método: Mínimos Quadrados (OLS)** **Observações Incluídas: 30**				
Variável	**Coeficiente**	**Erro Padr.**	**Estat.-t**	***valor-p.***
a - Constante	0.271661	0.065118	4.171853	0.0004
A	**0.983472**	0.339322	2.898345	**0.0081**
A^2	**0.086732**	0.469586	0.184699	**0.8551**
VAPL	0.062173	0.011504	5.404202	0.0000
Constr	-0.386043	0.081375	-4.743987	0.0001
Manuf	-0.170022	0.048686	-3.492218	0.0020
Miner	-0.283672	0.107218	-2.645759	0.0144
R-quadrado	0.858721	Estatística F		23.29970
R-quadrado Ajustado	0.821865	*valor-p* (Estat. F)		0.000000
Log-verossimilhança	31.39643	SIC		-1.299483

Utilizando o HCCME, obtém-se

Tabela 4-20 — Modelo (4.23), grupo G2 (empresas com poucas oportunidades)

Variável Dependente: q **Método: Mínimos Quadrados (OLS)** **Observações Incluídas: 30**				
Variável	**Coeficiente**	**Erro Padr. - HC_1**	**Pseudo - t**	***valor-p.***
a - Constante	0.271661	0.075836	3.582241	0.0016
A	**0.983472**	0.451511	2.178178	**0.0399**
A^2	**0.086732**	0.519092	0.167084	**0.8688**
VAPL	0.062173	0.006378	9.748091	0.0000
Constr	-0.386043	0.042943	-8.989569	0.0000
Manuf	-0.170022	0.050555	-3.363136	0.0027
Miner	-0.283672	0.044626	-6.356595	0.0000
R-quadrado	0.858721	Estatística F		23.29970
R-quadrado Ajustado	0.821865	*valor-p* (Estat. F)		0.000000
Log-verossimilhança	31.39643	SIC		-1.299483

As tabelas mostram que, com grande probabilidade, o valor do coeficiente de A^2 é igual a zero. Em qualquer outra especificação os resultados são similares, sempre produzindo coeficientes não significantes e com sinal positivo. A validade destas inferências é atestada pela boa adequação do modelo aos pressupostos de um MRL. Apenas o VIF indica uma possível multicolinearidade causada pela presença de A^2, o que é esperado, visto que esta variável não contribui com nenhuma informação adicional àquela proporcionada por A, correlacionando-se muito fortemente com ela. A Figuras 4-13 e a Figura 4-14 proporcionam uma visualização clara dos relacionamentos comentados neste parágrafo.

Figura 4-13 — Gráfico de resíduos de q *x* A *(regressão parcial), modelo (4.23), grupo G2*

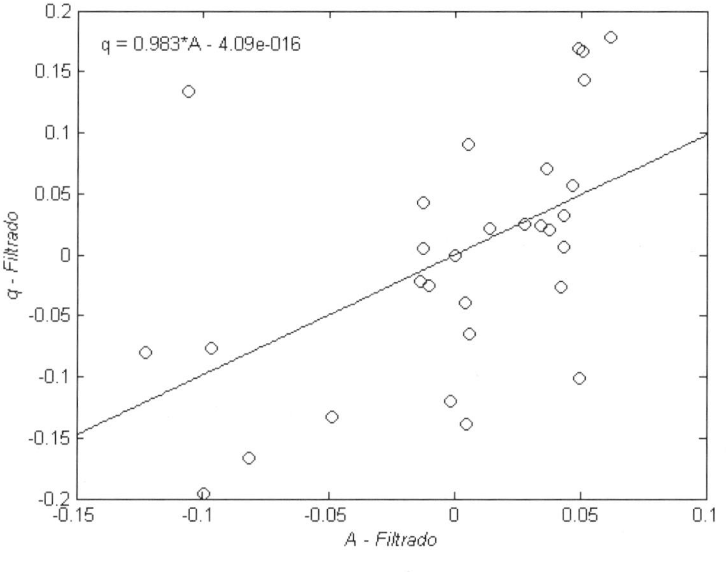

Figura 4-14 — Gráfico de resíduos de q *x* A^2 *(regressão parcial), modelo (4.23), grupo G2*

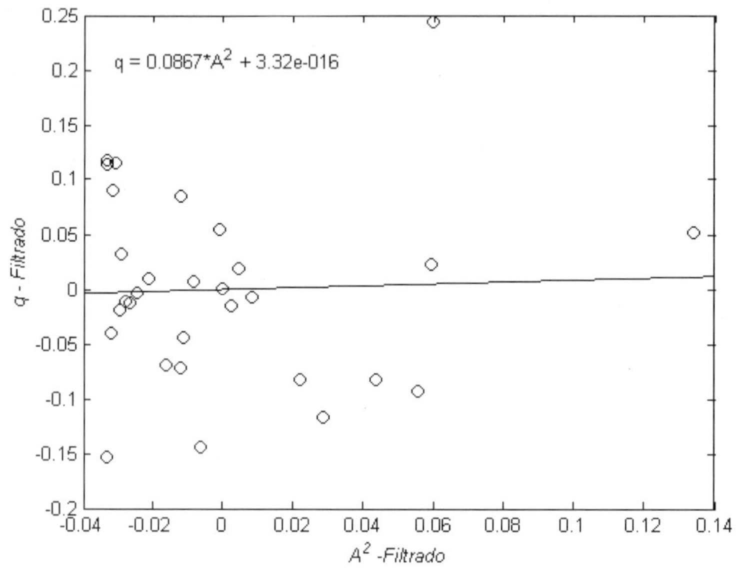

5. RESULTADOS DO PERÍODO 1996/1995

Para o período 1996/1995, foram sorteadas 120 empresas. O tamanho da amostra é inferior ao dos outros períodos em razão do menor número total de empresas líquidas e sem muitos dados faltantes disponíveis. Da amostra, foram selecionados dois grupos contando com cerca de 30 empresas cada. O primeiro grupo, como sempre, é composto pelas empresas com maiores oportunidades de crescimento com VPL positivo disponíveis e é denominado G1. O segundo grupo, G2, é composto pelas empresas com menores oportunidades disponíveis.

5.1. A RELAÇÃO ENTRE VALOR E ALAVANCAGEM

Uma investigação preliminar dos dados referentes ao período 1996/1995 mostra resultados similares aos registrados em 1998/1997, verificando-se, todavia, um relacionamento aparente ainda mais fraco entre valor e alavancagem. Com isto, os comportamentos captados por esta análise superficial afastam-se dos mostrados em 2000/1999. Em particular, parece inexistir qualquer relação entre q e A no grupo G1, como mostram a Figuras 4-15 e a Figura 4-16 bem como a Tabela 4-21 e a Tabela 4-22.

Figura 4-15 — Gráfico de q *x* A*, grupo G1 (empresas com muitas oportunidades)*

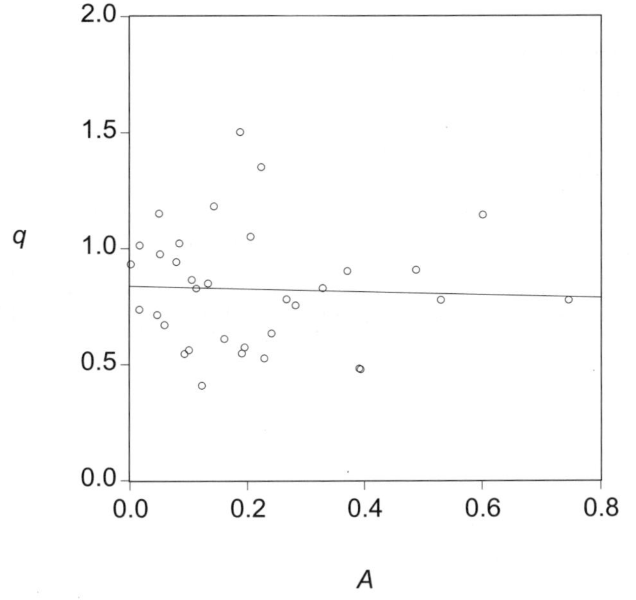

Figura 4-16 — Gráfico de q *x* A*, grupo G2 (empresas com poucas oportunidades)*

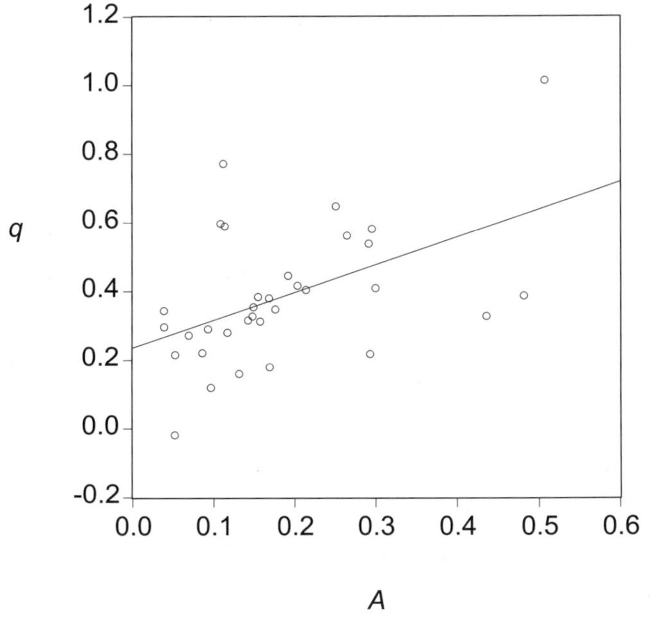

Tabela 4-21 — Regressão de q *x* A*, grupo G1 (empresas com muitas oportunidades)*

Variável Dependente: q **Método: Mínimos Quadrados (OLS)** **Observações Incluídas: 34**				
Variável	**Coeficiente**	**Erro Padr.**	**Estat.-t**	***valor-p.***
a - Constante	0.838193	0.070229	11.93509	0.0000
A	**-0.063519**	0.254117	-0.249960	**0.8042**
R-quadrado	0.001949	Estatística F		0.062480
R-quadrado Ajustado	-0.029240	*valor-p* (Estat. F)		0.804216

Tabela 4-22 — Regressão de q *x* A*, grupo G2 (empresas com poucas oportunidades)*

Variável Dependente: q **Método: Mínimos Quadrados (OLS)** **Observações Incluídas: 34**				
Variável	**Coeficiente**	**Erro Padr.**	**Estat.-t**	***valor-p.***
a - Constante	0.236480	0.057068	4.143863	0.0002
A	**0.804960**	0.260030	3.095637	**0.0041**
R-quadrado	0.236133	Estatística F		9.582971
R-quadrado Ajustado	0.211492	*valor-p* (Estat. F)		0.004144

5.1.1. Empresas com muitas oportunidades disponíveis

O modelo que proporcionou melhor ajuste e qualidade estatística geral para o grupo G1 é apresentado na Tabela 4-23, sendo especificado como

$$q = a + b_1 A + b_2 VAA + b_3 RALL + b_4 Met + b_5 MinNMetl +$$
$$+ b_6 Min + b_7 PaCel + b_8 Sid + e \qquad (4.24)$$

RALL é a rentabilidade histórica do ativo da empresa, medida como lucro líquido sobre ativo (Capítulo 3, item 3.4.2, letra a). As variáveis *dummy* setoriais utilizadas obedecem à classificação adotada pela Economática Ltda. (ver Capítulo 3, item 3.4.4,). As empresas componentes do grupo G1 no período 1996/1995 distribuem-se entre os setores Alimento (*Alim*), Autopeças (*AP*), Bebidas (*Beb*), Cimento (*Cim*), Comércio (*Com*), Eletro eletrônicos (*EE*), Eletrodomésticos (*Eltr*), Energia (*Ener*), Fertilizantes (*Fert*), Fumo, Metalurgia (*Met*), Mineração Não-Metálica (*MinNMet*), Mineração (*Min*), Papel e Celulose (*PaCel*), Petroquímica (*PetQuim*), Petróleo (*Pet*), Siderurgia (*Sid*), Telecomunicações (*Tel*) e Têxtil (*Tex*). Contudo, mostraram-se relevantes na análise apenas as varáveis correspondentes aos setores *Met*, *MinNMet*, *Min*, *PaCel* e *Sid*.

Os parâmetros estimados apontam para uma alavancagem positiva e significativamente relacionada com o valor da empresa, sendo o valor do coeficiente similar ao encontrado no período 2000/1999 (0,749 contra 0,716). Quando o HCCME é utilizado para estimar os erros-padrão, os resultados se mantêm, aproximadamente.

Tabela 4-23 — Modelo (4.24), grupo G1 (empresas com muitas oportunidades)

Variável Dependente: *q* Método: Mínimos Quadrados (OLS) Observações Incluídas: 33				
Variável	**Coeficiente**	**Erro Padr.**	**Estat.-t**	***valor-p.***
a - Constante	0.102302	0.070196	1.457380	0.1580
A	**0.749284**	0.149525	5.011087	**0.0000**
VAA	1.034554	0.072389	14.29168	0.0000
RALL	-5.373672	0.889830	-6.038989	0.0000
Met	-0.227088	0.105827	-2.145839	0.0422
MinNMet	-0.114516	0.097351	-1.176311	0.2510
Min	-0.058068	0.092231	-0.629585	0.5349
PaCel	-0.056584	0.092038	-0.614787	0.5445
Sid	-0.167434	0.109159	-1.533849	0.1381
R-quadrado	0.908773	Estatística F		29.88515
R-quadrado Ajustado	0.878365	*valor-p* (Estat. F)		0.000000
Log-verossimilhança	38.08126	SIC		-1.354362

A Tabela 4-24 mostra o mesmo modelo, substituindo-se o estimador de OLS da matriz de variâncias e co-variâncias dos parâmetros pelo HCCME, versão HC_1. Agora, todos os coeficientes, com exceção da constante, mostram-se significantes a 5%.

Tabela 4-24 — Modelo (4.24), grupo G1 (empresas com muitas oportunidades)

Variável Dependente: *q* Método: Mínimos Quadrados (OLS) Observações Incluídas: 33				
Variável	**Coeficiente**	**Erro Padr. – HC1**	**Pseudo-t**	***valor-p.***
a - Constante	0.102302	0.070308	1.455049	0.1586
A	**0.749284**	0.152650	4.908513	**0.0001**
VAA	1.034554	0.084271	12.27652	0.0000
RALL	-5.373672	0.956787	-5.616374	0.0000
Met	-0.227088	0.066471	-3.416328	0.0023
MinNMet	-0.114516	0.048293	-2.371291	0.0261
Min	-0.058068	0.018953	-3.063800	0.0053
PaCel	-0.056584	0.020272	-2.791281	0.0101
Sid	-0.167434	0.064645	-2.590061	0.0161
R-quadrado	0.908773	Estatística F		29.88515
R-quadrado Ajustado	0.878365	*valor-p* (Estat. F)		0.000000
Log-verossimilhança	38.08126	SIC		-1.354362

No Apêndice, registram-se os procedimentos básicos de diagnóstico do modelo, cujos resultados atestam que sua qualidade é satisfatória.

O teste de White com termos cruzados não pode ser realizado para este modelo, em razão do número insuficiente de observações para a estimação de todos os termos cruzados.

Uma possível relação curvilínea entre q e A foi verificada com um modelo especificado na forma

$$q = a + b_1 A + b_2 A^2 + b_3 VAA + b_4 RPL + b_5 Payout + e \qquad (4.25)$$

onde *Payout* é o índice de *payout*, definido como dividendos propostos sobre o lucro líquido da empresa (Capítulo 3, item 3.4.3, letra a). Embora, como revela a tabela abaixo, seu coeficiente não seja significativamente diferente de zero, a presença de *Payout* mostrou-se importante para a qualidade estatística da regressão, particularmente para a aderência do modelo à condição de homocedasticidade dos termos de erro.

Tabela 4-25 — Modelo (4.25), grupo G1 (empresas com muitas oportunidades)

Variável Dependente: *q* Método: Mínimos Quadrados (OLS) Observações Incluídas: 31				
Variável	**Coeficiente**	**Erro Padr.**	**Estat.-t**	***valor-p.***
a - Constante	0.005522	0.078402	0.070428	0.9444
A	**1.756947**	0.326231	5.385596	**0.0000**
A^2	**-2.332068**	0.539147	-4.325476	**0.0002**
VAA	0.954164	0.066083	14.43885	0.0000
RPL	-1.412638	0.270945	-5.213753	0.0000
Payout	0.029530	0.064862	0.455273	0.6528
R-quadrado	0.905134	Estatística F		47.70613
R-quadrado Ajustado	0.886161	*valor-p* (Estat. F)		0.000000
Log-verossimilhança	35.00762	SIC		-1.593913

O coeficiente de *A* é positivo, o de A^2 é negativo e ambos são estatisticamente significantes. Tais resultados são coerentes com os encontrados nos demais períodos da análise e se mantêm quando o HCCME é utilizado. Os valores dos coeficientes de *A* e A^2 são especialmente próximos daqueles estimados para 1998/1997. Em ambos os casos, existirá um ponto de ótima alavancagem nas proximidades de $A = 0{,}4$, como mostra graficamente a Figura 4-17.

Figura 4-17 — Gráfico q x A, utilizando a equação da Tabela 70, grupo G1

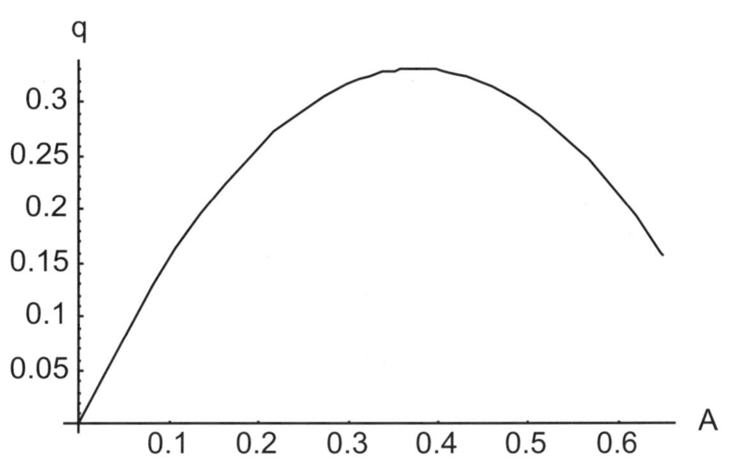

Os procedimentos de diagnóstico do modelo são relacionados no Apêndice. Conquanto sua qualidade geral se mostre satisfatória, recomenda-se alguma cautela na interpretação dos valores dos coeficientes, posto que o maior VIF, próximo de 12 e o número de condição, próximo de 15, sugerem a possível presença de alguma multicolinearidade, embora esta não possa ser caracterizada como severa. Estes resultados constam das Tabela A-49 e da Tabela A-50.

5.1.2. Empresas com poucas oportunidades disponíveis

Para o grupo G2, o modelo escolhido para exposição assume a forma

$$q = a + b_1 A + b_2 RALL + b_3 DivPag + b_4 Cons + b_5 IndMec +$$
$$+ b_6 Met + b_6 Tex + e \qquad (4.26)$$

onde *Cons*, *IndMec*, *Met* e *Tex* são variáveis *dummy* e correspondem, respectivamente, aos setores Construção, Indústria Mecânica, Metalurgia e Têxtil, segundo a classificação da Economática Ltda.

Tabela 4-26 — Modelo (4.26), grupo G2 (empresas com poucas oportunidades)

Variável Dependente: *q*
Método: Mínimos Quadrados (OLS)
Observações Incluídas: 28

Variável	Coeficiente	Erro Padr.	Estat.-t	*valor-p.*
a - Constante	0.195057	0.045517	4.285337	0.0004
A	**1.159629**	0.192933	6.010517	**0.0000**
RALL	**-2.257671**	0.744109	-3.034062	**0.0066**
DivPag	4.16E-06	1.20E-06	3.460611	0.0025
Cons	-0.210640	0.097011	-2.171298	0.0421
IndMec	-0.210955	0.096703	-2.181466	0.0413
Met	-0.112611	0.047022	-2.394844	0.0265
Tex	-0.073268	0.059056	-1.240639	0.2291
R-quadrado	0.818350	Estatística F		12.87166
R-quadrado Ajustado	0.754772	*valor-p* (Estat. F)		0.000004
Log-verossimilhança	31.43109	SIC		-1.293019

Os modelos construídos para o grupo G2 no período 1996/1995 apresentaram, de forma geral, os piores indicadores de qualidade estatística e ajustamento dos dados, relativamente aos demais grupos e períodos. Apenas com o isolamento ou a eliminação de algumas observações extremas foi possível assegurar a produção de inferências teoricamente mais adequadas. Este padrão sugere maior cautela na interpretação dos resultados reportados neste item.

A relação entre valor e alavancagem evidenciada na Tabela 4-26 é bastante significativa, como indica o alto valor do coeficiente de *A* e o *valor-p* próximo a zero a ele associado. O resultado é consistente com especificações alternativas e quando se utilizam as versões do HCCME, desde que alguns *outliers* sejam removidos, conforme comentado no parágrafo anterior. Mostra-se abaixo o mesmo modelo, agora utilizando a versão HC_1 do HCCME.

Tabela 4-27 — Modelo (4.26), grupo G2 (empresas com poucas oportunidades)

Variável Dependente: ***q***
Método: Mínimos Quadrados (OLS)
Observações Incluídas: 28

Variável	**Coeficiente**	**Erro Padr. – HC1**	**Pseudo-t**	***valor-p.***
a - Constante	0.195057	0.056945	3.425325	0.0027
A	**1.159629**	0.301924	3.840797	**0.0010**
RALL	-2.257671	0.721623	-3.128603	0.0053
DivPag	4.16E-06	6.04E-07	6.891599	0.0000
Cons	-0.210640	0.026102	-8.069970	0.0000
IndMec	-0.210955	0.019853	-10.62561	0.0000
Met	-0.112611	0.065078	-1.730415	0.0990
Tex	-0.073268	0.030974	-2.365426	0.0282
R-quadrado	0.818350	Estatística F		12.87166
R-quadrado Ajustado	0.754772	*valor-p* (Estat. F)		0.000004
Log-verossimilhança	31.43109	SIC		-1.293019

Os procedimentos de diagnóstico do modelo são relacionados no Apêndice.

Assim como nos períodos anteriores, não foi encontrada nenhuma relação curvilínea entre *q* e *A* no grupo G2 que indicasse a existência de uma estrutura de capital ótima. Uma especificação quadrática adequada para exemplificar este resultado é obtida com o acréscimo de A^2 ao modelo (4.26), resultando em

$$q = a + b_1 A + b_2 A^2 + b_3 RALL + b_4 DivPag + b_5 Cons + b_6 IndMec +$$
$$+ b_7 Met + b_8 Tex + e \qquad (4.27)$$

Tabela 4-28 — Modelo (4.27), grupo G2 (empresas com poucas oportunidades)

Variável Dependente: *q* Método: Mínimos Quadrados (OLS) Observações Incluídas: 28				
Variável	**Coeficiente**	**Erro Padr.**	**Estat.-t**	***valor-p.***
a - Constante	0.300759	0.068895	4.365454	0.0003
A	**0.067866**	0.587564	0.115503	**0.9093**
A^2	**2.231610**	1.142.833	1.952699	**0.0657**
RALL	-1.977696	0.711322	-2.780309	0.0119
DivPag	4.23E-06	1.13E-06	3.756011	0.0013
Cons	-0.208805	0.090838	-2.298652	0.0330
IndMec	-0.196054	0.090866	-2.157609	0.0440
Met	-0.127413	0.044676	-2.851960	0.0102
Tex	-0.047904	0.056801	-0.843372	0.4095
R-quadrado	0.848711	Estatística F		13.32345
R-quadrado Ajustado	0.785011	*valor-p* (Estat. F)		0.000003
Log-verossimilhança	33.99159	SIC		-1.356905

Utilizando o HCCME, obtém-se

Tabela 4-29 — Modelo (4.27), grupo G2 (empresas com poucas oportunidades)

Variável Dependente: *q* Método: Mínimos Quadrados (OLS) Observações Incluídas: 28				
Variável	**Coeficiente**	**Erro Padr. – HC1**	**Pseudo-t**	***valor-p.***
a - Constante	0.300759	0.084830	3.545426	0.0022
A	**0.067866**	0.693297	0.097888	**0.9230**
A^2	**2.231610**	1.058.251	2.108771	**0.0485**
RALL	-1.977696	0.720929	-2.743259	0.0129
DivPag	4.23E-06	5.47E-07	7.743576	0.0000
Cons	-0.208805	0.028315	-7.374283	0.0000
IndMec	-0.196054	0.023486	-8.347773	0.0000
Met	-0.127413	0.061232	-2.080826	0.0512
Tex	-0.047904	0.031541	-1.518791	0.1453
R-quadrado	0.848711	Estatística F		13.32345
R-quadrado Ajustado	0.785011	*valor-p* (Estat. F)		0.000003
Log-verossimilhança	33.99159	SIC		-1.356905

A Tabela 4-28 mostra coeficientes de A e A^2 não significantes a 5%. A Tabela 4-29 mostra um coeficiente de A^2 significante a 5%. Em ambos os casos, todavia, o coeficiente de A é muito próximo, estatisticamente, de zero. Ademais, A e A^2 apresentam o mesmo sinal positivo. No grupo G2, qualquer especificação, sem exceções, conduz às mesmas conclusões gerais.

No Apêndice são reportados os testes usuais. Assim como ocorreu nos outros períodos, há indícios de multicolinearidade nos regressores decorrente da redundância do uso simultâneo dos termos A e A^2.

6. COMPARAÇÕES ENTRE G1 E G2

Os resultados encontrados nos dois grupos de empresas divergiram substancialmente entre si, embora não se tenham revelado exatamente opostos, como previa a Hipótese Alternativa 1 da pesquisa. Nas especificações lineares, os coeficientes da variável A, de forma geral, apresentam sinal positivo e são estatisticamente significantes em ambos os grupos. Não obstante, a influência de A sobre q parece consideravelmente mais forte em G2 do que em G1. Confirmando esta suposição, encontrou-se uma importante relação curvilínea entre as variáveis, captada por um termo quadrático de A, apenas em G1. Neste grupo, o das empresas com muitas oportunidades de crescimento rentável disponíveis, vislumbra-se claramente uma relação ora positiva ora negativa entre *A* e *q*. Em G2, por outro lado, apenas um relacionamento homogeneamente positivo foi encontrado. Tais resultados revelaram-se robustos a diferentes especificações das regressões e mantiveram uma coerência geral nos diversos períodos considerados.

6.1. O VALOR DOS COEFICIENTES

Uma primeira abordagem no processo de comparação dos resultados de G1 e G2 é a apreciação das diferenças entre os valores dos coeficientes de *A* estimados em cada grupo e em cada período, como se relaciona abaixo.

Tabela 4-30 — Coeficiente da variável "alavancagem", grupos G1 e G2

Período: 2000/1999			
Variável	**Grupo**	**Coeficiente**	**Valor-p**
A	G1	**0.716169**	**0.0000**
A	G2	**1.013.395**	**0.0000**

Período: 1998/1997			
Variável	**Grupo**	**Coeficiente**	**Valor-p**
A	G1	**0.687341**	**0.0025**
A	G2	**1.034797**	**0.0000**

Período: 1996/1995			
Variável	**Grupo**	**Coeficiente**	**Valor-p**
A	G1	**0.749284**	**0.0000**
A	G2	**1.159629**	**0.0000**

A tabela acima mostra uma considerável estabilidade dos coeficientes de *A* entre os períodos analisados, embora eles provenham de especificações bastante distintas entre si. Tais coeficientes foram estimados a partir dos modelos que apresentaram melhor ajuste dos dados e melhor qualidade estatística geral em cada biênio, tendo sido construídos sem imposição apriorística de uma forma funcional particular. Em todos os casos, como se observa, o coeficiente estimado para G2 é expressivamente superior ao estimado para G1, denotando uma maior importância da alavancagem para a determinação do valor das empresas com poucas oportunidades disponíveis em comparação com as possuidoras de muitas oportunidades criadoras de valor.

O coeficiente de A associado a G2 é superior ao de G1 em cerca de 42% no período 2000/1999, 51% em 1998/1997 e 55% em 1996/1995, perfazendo uma variação média de G1 para G2 da ordem de 49%. As diferenças entre os grupos são ainda mais pronunciadas quando se avaliam os coeficientes das regressões com termos quadráticos de A, abaixo arrolados

Tabela 4-31 — Coeficiente de A e A^2, grupos G1 e G2

Período: 2000/1999			
Variável	**Grupo**	**Coeficiente**	**Valor-p**
A	G1	**1.564622**	**0.0000**
A^2	G1	**-0.837013**	**0.0001**
A	G2	**0.349973**	**0.1609**
A^2	G2	**0.590966**	**0.0043**

Período: 1998/1997			
Variável	**Grupo**	**Coeficiente**	**Valor-p**
A	G1	**1.854434**	**0.0008**
A^2	G1	**-2.384897**	**0.0133**
A	G2	**0.983472**	**0.0081**
A^2	G2	**0.086732**	**0.8551**

Período: 1996/1995			
Variável	**Grupo**	**Coeficiente**	**Valor-p**
A	G1	**1.756947**	**0.0000**
A^2	G1	**-2.332068**	**0.0002**
A	G2	**0.067866**	**0.9093**
A^2	G2	**2.231610**	**0.0657**

O que se observa nos três períodos é a existência de um claro relacionamento não uniforme entre *A* e *q* para as empresas do grupo G1. O efeito marginal da alavancagem sobre o valor da empresa, nestes casos, é bastante aparente. Quando as firmas possuem baixo endividamento relativo, acréscimos em sua alavancagem estão associados a aumentos de seu valor de mercado. A partir de certo ponto, porém, ampliações da participação de dívidas na estrutura de financiamentos da empresa conduzem a decréscimos de seu valor. Esta relação de dupla faceta pode ser visualizada em gráficos como o mostrado na Figura 4-17. Outra forma interessante de verificar tal fenômeno, desta vez utilizando os dados reais transformados, é a construção de gráficos de regressão, mostrados, por exemplo, na Figura 4-6 e Figura 4-7. Outro exemplo deste procedimento, encontrado na Figuras 4-18 e na Figura 4-19, ajuda a compreender a dupla face do relacionamento entre *A* e *q* para o grupo G1 no período 1998/1997. Nota-se, pelos valores dos coeficientes acima, que, embora a relação em curva se verifique em todos os períodos, ela não é estável. Os resultados de 2000/1999 diferem significativamente dos encontrados nos demais períodos. Ao passo que o valor de *A* que maximiza *q* situa-se nas proximidades de 0,93 em 2000/1999, nos dois outros períodos ele se localiza na faixa de 0,4.

Para as empresas com poucas oportunidades disponíveis, os resultados são inteiramente distintos. Em nenhum caso se pode divisar nenhuma relação negativa entre *A* e *q*. Além disso, os *valores-p* mostram que, em todos os casos, pelo menos um dos coeficientes apresenta valor estatisticamente muito próximo de zero. Portanto, para estas empresas, aumentos da alavancagem estão sempre associados a aumentos de seu valor de mercado.

Figura 4-18 — Gráfico de resíduos de q *x* A *(regressão parcial), modelo (4.21), grupo G1 (1998/1997)*

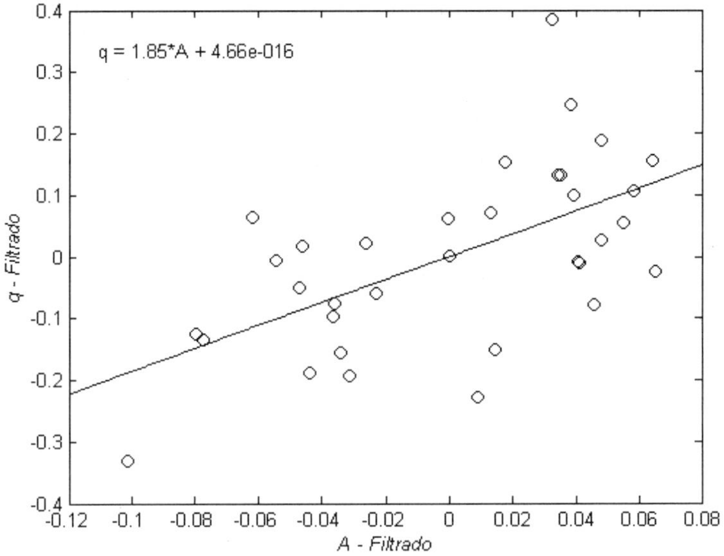

Figura 4-19 — Gráfico de resíduos de q *x* A^2 *(regressão parcial), modelo (4.21), grupo G1 (1998/1997)*

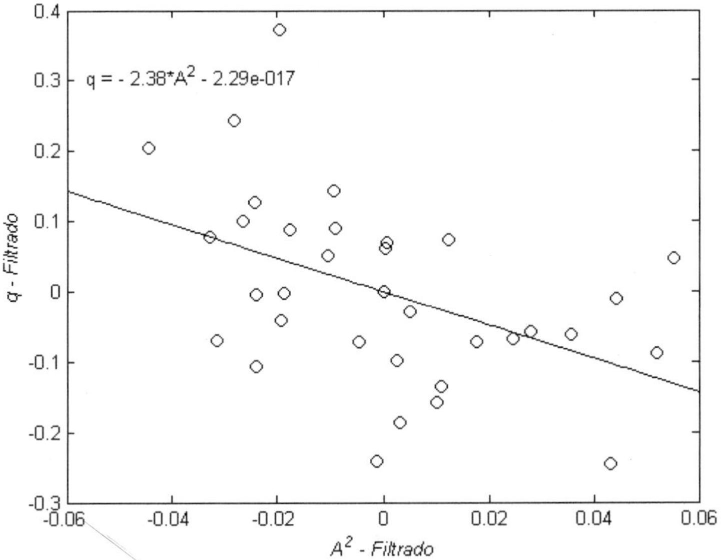

Neste ponto, um breve comentário sobre a estatística descritiva das variáveis pode ser útil para a compreensão dos resultados comentados nas páginas anteriores. Poder-se-ia supor que as diferenças de comportamento de A em relação a q nos grupos G1 e G2 reflete, na verdade, diferenças substanciais nos níveis de alavancagem das empresas classificadas em uma ou outra categoria. Em outras palavras, não é difícil imaginar que, se, por algum motivo, as empresas detentoras de muitas oportunidades rentáveis já forem relativamente mais endividadas do que aquelas com poucas oportunidades, o impacto positivo da alavancagem sobre seu valor de mercado será menor. Tais empresas, em média, poderiam já estar próximas do limite de sua capacidade de endividamento ou de uma estrutura de capital ótima. Neste caso, um acréscimo marginal de A não exerceria uma influência positiva sobre q tão forte quanto a verificada para as empresas menos endividadas, independentemente dos benefícios do capital de terceiros em um e outro grupo. Este mesmo raciocínio explicaria um relacionamento por vezes negativo entre as variáveis em G1. A Tabela 4-32 traz os valores de algumas estatísticas descritivas da variável A.

Tabela 4-32 — Estatísticas descritivas de A

Período 2000/1999

Est. Descritivas - *A*	**G1**	**G2**
Média	**0.273570**	**0.243904**
Mediana	0.205625	0.193250
Máximo	1.079125	1.515625
Mínimo	0.067458	0.000000
Desvio Padrão	0.196309	0.276566

Período 1998/1997

Est. Descritivas - *A*	**G1**	**G2**
Média	**0.204099**	**0.241600**
Mediana	0.188625	0.194250
Máximo	0.739375	0.749250
Mínimo	0.000000	0.035750
Desvio Padrão	0.177161	0.163953

Período 1996/1995

Est. Descritivas - *A*	G1	G2
Média	**0.212877**	**0.184649**
Mediana	0.173938	0.154375
Máximo	0.746375	0.507500
Mínimo	0.001429	0.038250
Desvio Padrão	0.178894	0.120455

Ao contrário do que se poderia supor, os números acima revelam a existência de empresas muito e pouco alavancadas financeiramente em cada grupo. Os indicadores em geral são suficientemente próximos entre si para descartar a hipótese comentada no parágrafo anterior. As médias de alavancagem tanto das empresas de G1 quanto de G2 são relativamente baixas e próximas umas das outras. Em dois períodos, as empresas de G1 apresentam-se ligeiramente mais endividadas, em média. O oposto se verifica, todavia, no período 1998/1997. Com, isto, parece razoável admitir que as diferenças nos resultados devem ser atribuídas aos benefícios ou malefícios do capital próprio e de terceiros em um e outro grupo.

6.2. Teste de mudança estrutural dos coeficientes

Até aqui, as comparações entre os resultados para G1 e G2 não se valeram de nenhum procedimento formal de teste das diferenças encontradas nos valores dos coeficientes. Um procedimento desta natureza é oferecido pelo chamado teste de mudança estrutural de Chow. A idéia do teste é comparar dois ou mais conjuntos de coeficientes, cada um deles estimado em um subconjunto da amostra geral. No caso em questão, pretende-se verificar se as diferenças entre os valores dos coeficientes de *A* em G1 e G2 são estatisticamente significantes.

O método adotado requer o agrupamento das observações componentes dos grupos G1 e G2 em uma amostra única. Monta-se, então, uma regressão de q em A e, em seguida, estipula-se o número da observação que divide a amostra nos dois subgrupos de interesse. O teste verifica, por fim, se os modelos construídos em cada subgrupo diferem significativamente daquele estimado para o conjunto total de empresas.

A estatística do teste (F) pode ser calculada como

$$F = \frac{(\hat{\mathbf{u}}'\hat{\mathbf{u}} - \hat{\mathbf{u}}_1'\hat{\mathbf{u}}_1 - \hat{\mathbf{u}}_2'\hat{\mathbf{u}}_2)/k}{(\hat{\mathbf{u}}_1'\hat{\mathbf{u}}_1 + \hat{\mathbf{u}}_2'\hat{\mathbf{u}}_2)/(n-2k)} \tag{4.28}$$

onde $\hat{\mathbf{u}}$ é um vetor coluna contendo os resíduos produzidos pela regressão estimada com todas as observações e $\hat{\mathbf{u}}'$ é um vetor linha resultante de sua transposição. $\hat{\mathbf{u}}_1$ corresponde ao vetor de resíduos resultante do mesmo modelo aplicado apenas às observações do subgrupo 1 e $\hat{\mathbf{u}}_2$ representa os resíduos associados ao subgrupo 2. n é o número total de observações da amostra e k é o número de parâmetros estimados na equação.

A estatística de teste apresenta distribuição exata de probabilidade do tipo F com k e n- $2k$ graus de liberdade, sob a condição de independência e normalidade dos termos de erro.

Uma vez que o coeficiente de interesse é apenas o associado à variável A, estima-se uma regressão simples entre q e A para o conjunto da amostra e para cada subgrupo. No período 2000/1999, por exemplo, a união de G1 e G2 compôs uma amostra de 74 empresas, sendo 35 pertencentes a G1 e 39 a G2. Logo, a observação de número 36 dividia os grupos. Os resultados dos testes são reportados na Tabela 4-33.

Tabela 4-33 — Testes de mudança estrutural de Chow – Coeficiente de A

Período 2000/1999

Nº da Observação de Separação dos Grupos: 36

F	**10.49914**	*valor-p*	**0.000103**

Período 1998/1997

Nº da Observação de Separação dos Grupos: 36

F	**18.55937**	*valor-p*	**0.000000**

Período 1996/1995

Nº da Observação de Separação dos Grupos: 35

F	**33.62180**	*valor-p*	**0.000000**

A hipótese nula do teste de Chow é a inexistência de mudança na estrutura do relacionamento entre as variáveis. Os elevados valores da estatística F e os *valores-p* a ela associados próximos a zero conduzem à segura rejeição desta hipótese, indicando que a forma pela qual A e q se relacionam é essencialmente diferente nos grupos G1 e G2. Como seria de esperar, resultados ainda mais claros apontando para a diferença estrutural aparecem quando é acrescentado ao modelo um termo quadrático de A.

5

Resumo e Considerações Finais

O presente trabalho investiga o relacionamento entre o valor de mercado da empresa e a forma através da qual ela financia suas atividades, à luz de algumas teorias propostas na literatura de finanças. Embora as questões relacionadas à estrutura de capital das firmas sejam investigadas com considerável recorrência, pesquisas desta natureza ainda se justificam plenamente. O vasto corpo de proposições teóricas e evidências empíricas produzido sobre o tema tem sido, até o presente momento, incapaz de estabelecer qualquer consenso ou compreensão amplamente aceita do problema, o qual ainda pode ser adequadamente caracterizado como o "quebra-cabeça" descrito em meados dos anos 80 por Myers (1984).

As hipóteses investigadas na pesquisa decorrem do modelo teórico formulado por Stulz (1990) e inspiram-se no trabalho empírico de McConnell & Servaes (1995). Elas foram inicialmente expressas na forma de uma hipótese nula e duas alternativas, reproduzidas no Capítulo 1, item 5 e relacionadas abaixo.

Hipótese Nula: Não existe relação significativa entre a alavancagem e o valor da empresa.

Hipótese Alternativa 1: Existe relação significativa entre a alavancagem e o valor da empresa e;

tal relação é positiva, ou diretamente proporcional, para as empresas com poucas oportunidades de investimentos com VPL positivo;

a relação é negativa, ou inversamente proporcional, para as empresas com muitas oportunidades de investimentos com VPL positivo.

Hipótese Alternativa 2: Existe relação significativa entre a alavancagem e o valor da empresa, porém não se verificam as relações previstas em a) e b) acima.

Os resultados empíricos comentados no Capítulo 4, conduzem à clara rejeição da Hipótese Nula. A estrutura de capital das empresas analisadas não é irrelevante para a determinação de seu valor, resultado este robusto às diferentes definições operacionais adotadas para a mensuração do valor e da alavancagem financeira.

A primeira idéia de indiferença da estrutura de capital foi proposta por Durand (1952) e, mais formalmente, por Modigliani & Miller (1958), ou M&M. Instaurou-se, desde então, uma intensa polêmica científica, estimulando as pesquisas sobre o tema. Os próprios Modigliani & Miller (1958) forneceram as primeiras evidências com dados reais. Embora sua proposição dependa de diversos pressupostos restritivos sobre o funcionamento dos mercados, este primeiro teste confirmou a idéia de irrelevância. Contudo, a quase totalidade das investigações empíricas subseqüentes, utilizando as mais diversas metodologias de teste, alcançou resultados opostos, como foi o caso aqui. Um teste similar ao realizado por M&M com dados recentes de empresas latino-americanas, incluindo brasileiras, e norte-americanas pertencentes aos mesmos setores de atividade utilizados pelos referidos autores é apresentado por Famá, Barros & Silveira (2001). Seus resultados são opostos aos reportados por M&M. Assim, a rejeição da hipótese nula desta pesquisa alinha-se com a maior parte das evidências mais modernas disponíveis.

A explicação para a influência da estrutura de financiamentos sobre o valor da empresa segue diferentes vertentes. Um dos primeiros argumentos elaborados trata do benefício fiscal associado ao endividamento, considerado erroneamente por M&M em 1958. Em seu trabalho corrigido, Modigliani & Miller (1963) mostram que a existência de um imposto de renda corporativo torna atraente a emissão de dívidas como forma de financiamento, em detrimento do capital próprio. Todavia, Miller (1977) mostra que esta vantagem nem sempre é significativa. Outras linhas de pesquisa exploram, direta ou indiretamente, as imperfeições do mercado não consideradas por M&M, incluindo-se aí os riscos e custos de falência, custos de transação no contexto de governança corporativa e implicações comportamentais das formas alternativas de financiamento. Também aparecem, nos últimos anos, teorias baseadas em considerações e políticas estratégicas da empresa, bem como no mercado de controle corporativo.

As teorias relevantes para esta pesquisa figuram entre as contribuições mais modernas e remetem às implicações comportamentais da estrutura de capital das empresas. Especificamente, elas se relacionam aos conceitos de assimetria de informações e relações de agência, reunidos por Stulz (1990) em um modelo a partir do qual se pode derivar uma estrutura de capital ótima, ou seja, aquela que maximiza o valor da empresa.

O modelo de Stulz (1990) fornece subsídio para a formulação da Hipótese Alternativa 1. As proposições do autor gravitam em torno de dois problemas que não são causados pela estrutura de capital, mas que são por ela influenciados. O primeiro é conhecido como o problema do investimento excessivo, ou superinvestimento e o segundo está relacionado ao investimento insuficiente, ou subinvestimento.

Diz-se que a empresa está investindo excessivamente quando continua a realizar desembolsos de capital mesmo depois de aproveitados todos os projetos com valor presente líquido (VPL) positivo disponíveis. Necessariamente, então, ela aplicará recursos em empreendimentos com VPL negativo, ou seja, destruidores de valor.

Idealmente, empresas sem perspectivas de novos investimentos rentáveis no horizonte relevante deveriam se preocupar em distribuir entre seus proprietários os recursos excedentes gerados pelo negócio, caracterizados, neste caso, como um "fluxo de caixa livre" por Jensen (1986), em vez de reaplicá-los indevidamente. A administração da firma freqüentemente não procede no melhor interesse de seus acionistas, todavia, porque certos gastos improdutivos aumentam sua utilidade (satisfação pessoal), um fenômeno uma vez descrito por Williamson (1963) como uma "preferência por despesas" e que serviu como a idéia central na posterior construção da chamada Teoria de Agência por Jensen & Meckling (1976). Naturalmente, comportamentos divergentes desta natureza só são possíveis quando o controlador da empresa não é seu único proprietário e, portanto, trabalha em nome de terceiros.

O subinvestimento, por sua vez, decorre da incapacidade da empresa de aproveitar todas as boas oportunidades de expansão disponíveis, em razão da insuficiência de recursos gerados internamente associada à dificuldade de captação externa de recursos adicionais. Este último problema pode estar relacionado à existência de uma assimetria de informações entre elementos internos e externos à empresa, fenômeno tratado pioneiramente em finanças por Ross (1977) e desenvolvido neste particular por Myers & Majluf (1984). A possibilidade do subinvestimento também foi tratada por Myers (1977) no contexto das relações de agência entre administradores, agindo no melhor interesse dos acionistas, e credores da empresa. A presença do problema conduz, portanto, a um nível subótimo de investimento, reduzindo as perspectivas de criação de valor.

Para Stulz (1990), a estrutura de capital pode ajudar a mitigar ou exacerbar um ou outro problema. Argumenta-se que a forma mais eficaz de evitar o investimento excessivo é o estabelecimento, por parte da administração de uma empresa sujeita aos problemas de agência, de um compromisso de desembolsos previamente programados, reduzindo, desta forma, eventuais fluxos de caixa livres. Tal compromisso está associado à contratação de dívidas, as quais forçam a distribuição de recursos excedentes entre os investidores, ao contrário do capital próprio, mais flexível. O aumento do endividamento relativo da empresa minimiza, com isto, o problema potencial do superinvestimento e da destruição de valor a ele associada. Em certos casos, porém, a obrigação do desembolso, estabelecida contratualmente pelas dívidas, pode impossibilitar investimentos em projetos com VPL positivo, pelas razões mencionadas no parágrafo anterior. Desta forma, enquanto a alavancagem alivia o problema do superinvestimento, acentua a possibilidade do subinvestimento. Da interação entre estes benefícios e malefícios do capital de terceiros, deriva-se uma estrutura de financiamentos capaz de maximizar o valor da empresa.

Na Hipótese Alternativa 1 sugere-se, neste contexto, que as empresas que dispõem, relativamente às demais, de muitos projetos com VPL positivo disponíveis estão mais sujeitas a um possível subinvestimento do que a um possível superinvestimento. Por outro lado, as empresas com relativamente poucas oportunidades de investimentos com VPL positivo disponíveis estarão mais propensas a superinvestir do que a subinvestir. Se o endividamento mitiga o primeiro problema e exacerba o segundo, é possível imaginar que as empresas detentoras de muitas oportunidades deveriam mostrar um relacionamento mais fraco ou mesmo, como define a Hipótese Alternativa 1, negativo entre alavancagem e valor. Simetricamente, empresas com poucas oportunidades deveriam se endividar mais, evidenciando-se uma relação positiva entre alavancagem e valor.

Os resultados no Capítulo 4, não confirmam a Hipótese Alternativa 1 da maneira como foi originalmente formulada. Com uma especificação linear dos modelos empíricos, a relação entre alavancagem e valor é positiva para ambos os grupos de empresas. Isto significa que, em cada grupo, as empresas mais alavancadas apresentam, em média e *ceteris paribus*, maior valor. Os dados sugerem, assim, que uma elevação marginal da alavancagem associa-se a um aumento marginal do valor, de forma geral.

O relacionamento referido acima, porém, é substancialmente diferente entre as empresas com muitas oportunidades (grupo G1) e as com poucas oportunidades (grupo G2). Os coeficientes de todos os modelos com boa qualidade estimados em períodos diversos mostram, sem ambigüidade, que o relacionamento entre as variáveis relevantes é indiscutivelmente mais forte em G2 do que em G1. A diferença se torna ainda mais acentuada quando se utilizam especificações quadráticas. G1 revela, então, um evidente relacionamento não linear entre alavancagem e valor, algo não observado em G2. No primeiro grupo, para níveis baixos e moderados de alavancagem, o valor cresce na medida em que esta aumenta, até o ponto em que o valor da empresa é máximo. Depois dele, elevações do endividamento relativo conduzem a reduções do valor, comportamento bastante consistente com o mostrado na Figura 2.5 do Capítulo 2, item 10.5. Em G2, por outro lado, aumentos da alavancagem estão sempre associados a aumentos do valor.

Há várias explicações possíveis para os resultados alcançados, no contexto das teorias discutidas ao longo do trabalho. Primeiramente, é importante notar que os relacionamentos entre valor e alavancagem evidenciados pelos dados parecem ter origem nas efetivas vantagens e desvantagens peculiares às fontes alternativas de financiamento. Possíveis influências espúrias motivadas pelas definições operacionais das variáveis e pela forma como elas são construídas foram extensivamente investigadas e não pareceram determinantes no processo de inferência. A construção dos modelos considerou criteriosamente todas as correlações possíveis e suas causas numéricas com o intuito de isolar influências indevidas e possibilitar interpretações corretas.

Embora não se tenha confirmado a Hipótese Alternativa 1 (HA1), os resultados mostram-se congruentes com o modelo de Stulz (1990). Note-se que, apesar da HA1 basear-se no referido modelo, este não implica um relacionamento sempre negativo para G1 ou sempre positivo para G2 entre alavancagem e valor. Tais comportamentos dependerão das características particulares dos dados, como se esclarece abaixo.

Se as empresas pertencentes a G1, embora detenham muitas oportunidades, ainda assim não as possuírem em volume suficiente ou se elas não forem suficientemente rentáveis, haverá ainda um possível problema relevante de superinvestimento, justificando um relacionamento positivo entre valor e alavancagem. No caso extremo contrário, todas as empresas, incluindo as classificadas em G2, poderiam dispor, num ambiente econômico com perspectivas especialmente favoráveis, de oportunidades rentáveis boas o suficiente para tornar improvável a existência de fluxo de caixa livre, tornando pouco relevante o problema do superinvestimento. Em tal circunstância, mesmo para as empresas com poucas oportunidades, a relação entre valor e alavancagem poderia ser negativa.

O que o modelo de Stulz (1990) implica, *necessariamente*, é que a relação entre valor e alavancagem será *menos positiva* ou *mais negativa* em G1 do que em G2, tudo o mais constante. Os resultados corroboram esta idéia, embora sem a intensidade sugerida pela HA1.

No contexto do modelo de Stulz (1990), o comportamento específico dos dados analisados aponta para a existência de um problema de superinvestimento em G2 grande o suficiente para justificar o crescimento monotônico do valor como função da alavancagem. Em G1, o potencial superinvestimento também se revela importante, de forma que o valor, uma vez mais, aumenta quando aumenta a participação do capital de terceiros. Como preveria o modelo, todavia, esta relação é significativamente mais forte para os componentes de G2. De fato, em G1, o valor ora aumenta ora diminui com o crescimento da alavancagem, pois, a partir de certo nível de endividamento, argumenta-se, o problema do subinvestimento torna-se mais importante do que o do superinvestimento.

Tal padrão de comportamento se repete em todas as amostras analisadas e difere do observado para dados norte-americanos, como reportam, por exemplo McConnell & Servaes (1995). Os dados brasileiros mostram empresas com valores de mercado relativamente baixos em comparação com o valor patrimonial de seu capital próprio, em média. Uma vez que as oportunidades disponíveis são calculadas a partir da razão entre o valor de mercado e o valor contábil das ações, as amostras revelam que as empresas negociadas na bolsa dispõem, de forma geral, de poucas oportunidades. Daí a prevalência do problema do investimento excessivo sobre o problema do subinvestimento, explicando os valores dos coeficientes estimados.

Outra interpretação poderia ser divisada, contudo, para elucidar esta característica. Parece plausível supor que o acionista minoritário externo da maior parte das empresas abertas brasileiras é freqüentemente expropriado pelos gestores, entre os quais figura, geralmente, o acionista majoritário. O acionista externo sujeita-se, desta forma, a problemas de agência possivelmente mais graves, em média, do que os vivenciados por seus pares em países como os EUA[1], por exemplo. Se isso for verdade, o preço das ações negociadas nas bolsas locais pode incorporar um deságio resultante dos conflitos de interesse entre as partes, independentemente das perspectivas econômicas do negócio. Deve-se ressalvar, naturalmente, que esta é uma especulação apenas, não tendo sido objeto de investigação específica.

Seja o baixo valor de mercado das ações brasileiras resultado de conflitos de agência ou de perspectivas medíocres quanto ao crescimento dos fluxos de caixa futuros das empresas, o fato é que esta característica torna a dívida atraente como forma de financiamento na maior parte dos casos analisados.

Embora esta pesquisa enfoque o modelo de Stulz (1990), os resultados obtidos poderiam certamente ser compreendidos à luz de outras teorias disponíveis. Uma delas é a proposição do *pecking order* de Myers & Majluf (1984), baseada no conceito de assimetria de informações (ver Capítulo 2, item 6). Segundo os autores, as empresas preferem em primeiro lugar, como fonte de financiamento, os recursos gerados internamente e em segundo o endividamento, figurando na última posição o capital próprio. Isto se dá porque, num ambiente em que os investidores não dispõem das mesmas informações sobre as perspectivas da empresa disponíveis aos seus gestores, a probabilidade de subavaliação é menor para títulos de dívida do que para ações, em razão da característica de maior risco para o investidor acionista. É possível, então, que este argumento de subavaliação seja especialmente válido para as empresas com baixo valor de mercado do capital próprio, componentes do grupo G2, justificando as diferenças encontradas entre os grupos.

---

[1] Ainda são poucos os estudos sobre relações de agência no contexto brasileiro. Destacam-se, entre eles, os produzidos por Martin (1987) e Procianoy (1994). Este último, em especial, ressalta, a partir da maneira como se organizam os mercados financeiros nacionais, a possível existência de conflitos graves entre administradores/acionistas majoritários e acionistas externos minoritários das empresas abertas.

Outras proposições, como as atribuídas a Jensen (1986), Ross (1977) e Modigliani & Miller (1963), coadunam-se com o relacionamento positivo entre alavancagem e valor. Nenhuma delas explica a contento, porém, as diferenças de resultados entre G1 e G2. Também não são completamente satisfatórias, neste aspecto, as abordagens baseadas na interação entre o benefício fiscal da dívida e os custos esperados de falência, como a oferecida por Baxter (1967).

Como é praxe neste tipo de pesquisa, é importante introduzir uma nota de cautela na interpretação dos resultados. Em primeiro lugar, quaisquer generalizações das conclusões extraídas desta particular análise de dados é questionável, malgrado as precauções estatísticas tomadas. Ademais, o fato de os resultados se alinharem, embora não com a intensidade prevista, com as proposições de Stulz (1990) não necessariamente significa que o modelo é relevante para a compreensão da realidade. Indica-se, apenas, que os argumentos não podem ser refutados a partir da observação dos dados reais. Por fim, observa-se que continuam valendo todas as limitações do método apresentadas no Capítulo 3, item 5.

Desde as disputas entre M&M e os "tradicionalistas", inauguradas em 1958, a característica mais marcante da apreciação científica do tema "estrutura de capital" tem sido a controvérsia. A multiplicidade de abordagens possíveis do problema torna impraticável uma compreensão exaustiva do mesmo. A tendência das contribuições mais modernas, como as de Stulz (1990), Leland (1998) e Myers (2000), centra-se na construção de modelos que sintetizam algumas destas vertentes de estudo, avançando na direção de um entendimento mais global ou menos parcial da questão. Assim, contribuir para este esforço de síntese, preferencialmente com abrangência crescente, das diferentes linhas de pesquisa parece ser a recomendação mais adequada para futuros trabalhos, empíricos ou teóricos.

REFERÊNCIAS BIBLIOGRÁFICAS

ALEXANDER, C. R. & COHEN, M. A. Why Do Corporations Become Criminals? Ownership, Hidden Actions, and Crime as an Agency Cost, *Journal of Corporate Finance*, v.5, n.1, March 1999.

ALLEN, F. B. Does Going into Debt Lower the 'Cost of Capital'?, *Analysts Journal*, v.10, August 1954.

ALTMAN, E. A Further Empirical Investigation of the Bankruptcy Cost Question, *Journal of Finance*, v.39, n.6, September 1984.

ANG, J. S; CHUA, J. H & McCONNEL, J. J. The Administrative Costs of Bankruptcy: A Note, *Journal of Finance*, v.37, n.1, March 1982.

ANG, J. S.; COLE, R. A. & LIN, J. W. Agency Costs and Ownership Structure, *Journal of Finance*, v. 55, n.1, February 2000.

ARCHER, S. H. & D'AMBROSIO, C. H. The Theory of Business Finance: A Book of Readings, The Macmillan Publishing Company, New York, 1967.

ASSAF NETO, A. Mercado Financeiro. 2ª edição, Atlas, São Paulo, 1999.

BAJAJ, M.; CHAN, Y. & DASGUPTA, S. The Relationship Between Ownership, Financing Decisions and Firm Performance: a Signaling Model, *International Economic Review*, v.39, n.3, August 1998.

BALAKRISHNAN, S. & FOX, I. Asset Specificity, Firm Heterogeneity and Capital Structure, *Strategic Management Journal*, v.14, n. 1 January 1993.

BAR-YOSEF, S. & VENEZIA, I. Earnings Information and the Determination of Dividend Policy, *Journal of Economics and Business*, v.43, n.3 August, 1991.

BAXTER, N. Leverage, Risk of Ruin and the Cost of Capital, *Journal of Finance*, v.22, n.3, September 1967.

BERGER, P. G.; OFEK, E. & YERMACK, D. L. Managerial Entrenchment and Capital Structure Decisions, *Journal of Finance*, v.52, n.4, September 1997.

BAKER, G. P.; JENSEN, M. C. & MURPHY, K. J., Compensation and Incentives: Practice vs. Theory, *Journal of Finance*, v.43, n.3, July 1988.

BELSLEY, D.; KUH, E. & WELSCH, R. Regression Diagnostics: Identifying Influential Data Points and Sources of Collinearity, Wiley, New York, 1980.

BERLE, A. A. & MEANS, G. C. The Modern Corporation and Private Property, The Macmillan Publishing Company, New York, 1932.

BERTRAND, M. & MULLAINATHAN, S. Agents With and Without Principals, *American Economic Review*, v.90, n.2, May 2000.

BLACK, F. Noise, *Journal of Finance*, v.61, n.3, July 1986.

BLACK, F. The Trouble with Econometric Models, *Financial Analysts Journal*, v.38, n.2, March/April 1982.

BLANCHARD, O. J.; LOPEZ-DE-SILANES, F. & SHLEIFER, A. What Do Firms Do with Cash Windfalls?, *Journal of Financial Economics*, v.36, n.3, December 1994.

BLOSE, L. E. & SHIEH, J. C. P. Tobin's *q*-Ratio and Market Reaction to Capital Investment Announcements, *Financial Review*, v.32, n.3, August 1997.

BONESS, A. J. A Pedagogic Note on the Cost of Capital, *Journal of Finance*, v.19, n.1, March 1964.

BOOTH, L.; AIVAZIAN, V.; DEMIGURC-KUNT, A. & MAKSIMOVIC, V. Capital Structures in Developing Countries, *Journal of Finance*, v.56, n.1, February 2001.

BORN, J. A. & MCWILLIAMS, V. B. Equity-for-Debt Exchange Offers: Theory, Practice and Evidence, *Financial Review*, v.32, n.2, May 1997.

BOWEN, R. M.; DALEY, L. A. & HUBER, JR., C. C. Evidence on the Existence and Determinants of Inter-Industry Differences in Leverage, *Financial Management*, v.11, Winter 1982.

BRADLEY, M.; JARRELL, G. A. & KIM, E. H. On the Existence of an Optimal Capital Structure: Theory and Evidence, *Journal of Finance*, v.39, n.3, July 1984.

BRANDER, J. A. & LEWIS, T. R. Oligopoly and Financial Structure: The Limited Liability Effect, *American Economic Review*, v.76, n.5, December 1986.

BREALEY, R. A. & MYERS, S. C. Princípios de Finanças Empresariais, 5ª edição, McGraw-Hill, Portugal, 1998.

BREWER, D. E. & MICHAELSEN, J. B. The Cost of Capital, Corporation Finance, and the Theory of Investment: Comment, *American Economic Review*, v. LV, n.3, v.55 June 1965.

CARROLL, C.; GRIFFITH, J. M. & RUDOLF, P. M. Hostile vs. White-Knight Bidders, *Managerial and Decision Economics*, v.20, n.3, Spring 1999.

CHANG, S. J. & CHEN, S. Information Effects of Earnings and Dividend Announcements on Common Stock Returns: Are They Interactive?, *Journal of Economics and Business*, v.43, n.2, May 1991.

CHEN, S. & KIM, E. H. Theories of Corporate Debt Policy: A Synthesis, *Journal of Finance*, v.34, n. 2, May 1979.

CHIRINKO, R. S. & SINGHA, A. R. Testing Static Tradeoff Against Pecking Order Models of Capital Structure: a Critical Comment, *Journal of Financial Economics*, v.58, n.3 December 2000.

CHUNG, K. H. & CHAROENWONG C. Investment Options, Assets in Place, and the Risk of Stocks, *Financial Management*, v.20, n.3, Autumn 1991.

CHUNG, K. H. & PRUITT, S. W. Executive Ownership, Corporate Value, and Executive Compensation: a Unifying Framework, *Journal of Banking and Finance*, v.20, n.3, Autumn 1996.

CHUNG, K. H. & PRUITT, S. W. A Simple Approximation of Tobin's *Q*, *Financial Management*, v.23, n.3, Autumn 1994.

COLLINS, D.W & KOTHARI, S.P. An Analysis of Intertemporal and Cross-Sectional Determinants of Earnings Response Coefficients, *Journal of Accounting and Economics*, v.11, n.2-3, July 1989.

COOK, R. D. & WEISBERG, S. Residuals and Influence in Regression, Chapman and Hall, London, 1982.

COPELAND, T. E. & WESTON, J. F. Financial Theory and Corporate Policy, 3rd ed. Addison Wesley Publishing Company, USA, 1988.

CRONQVIST, H. & NILSSON, M. Agency Costs of Controlling Minority Shareholders, SSE/EFI Working Paper 364, SSE/EFI Working Paper Series in Economics and Finance, June 2000.

DANBOLT, J. & BEVAN, A. A. Capital Structure and its Determinants in the United Kingdom: a Decompositional Analysis, Working Paper 2000/2, Department of Economics and Finance Working Paper Series, University of Glasgow, 2000.

DAVIDSON, R. & MACKINNON, J. G. Estimation and Inference in Econometrics, Oxford University Press, New York, 1993.

DEANGELO, H. & MASULIS, R. Optimal Capital Structure under Corporate and Personal Taxation, *Journal of Financial Economics*, v.8, n.1, March 1980.

DEMING, W. E. Some Theory of Sampling, John Wiley & Sons Inc., New York, 1950.

DURAND, D. The Cost of Capital, Corporation Finance, and the Theory of Investment: Comment, *American Economic Review*, v. 49, n.4, September 1959.

DURAND, D. Cost of Debt and Equity Funds for Business: Trends and Problems of Measurement in Conference on Research on Business Finance, National Bureau of Economic Research, New York, 1952.

EASTERBROOK, F. H. Two Agency-Cost Explanations of Dividends, *American Economic Review*, v.74, n.4, September 1984.

FAMÁ, R. & BARROS, L. A. B. C. *Q* de Tobin e Seu Uso em Finanças: Aspectos Metodológicos e Conceituais, *Cadernos de Pesquisa em Administração*, v.7, n.4, Outubro/Dezembro 2000.

FAMÁ, R. & BARROS, L. A. B. C.; SILVEIRA, A. D. A Estrutura de Capital é Relevante? Novas Evidências a Partir de Dados Norte-Americanos e Latino-Americanos, *Cadernos de Pesquisa em Administração*, v.8, n.2, Abril/Junho 2001.

FAMÁ, R. & KAYO, E. K. Teoria de Agência e Crescimento: Evidências Empíricas dos Efeitos Positivos e Negativos do Endividamento, *Cadernos de Pesquisa em Administração*, v.2, n.5, 2º Semestre 1997.

FAMÁ, R.& KAYO, E. K. Dificuldades Financeiras, Custos de Agência e o Instituto Jurídico da Concordata, *Cadernos de Pesquisa em Administração*, v. 1, n.3, 2º Semestre 1996.

FAMA, E. F. & FRENCH, K. R. Testing Tradeoff and Pecking Order Predictions About Dividends and Debt, CRSP Working Paper 506, Center for Research in Security Prices, University of Chicago, July 2000.

FAMA, E. F. & FRENCH, K. R. Taxes, Financing Decisions, and Firm Value, *Journal of Finance*, v. 53, n.3, June 1998.

FAMA, E. F. & JENSEN, M. C. Separation of Ownership and Control, *Journal of Law and Economics*, v.26, n.2 , June 1983a.

FAMA, E. F. & JENSEN, M. C. Agency Problems and Residual Claims, *Journal of Law and Economics*, v.26, n.2, June 1983b.

FORTUNA, E. Mercado Financeiro: Produtos e Serviços, 10ª ed., Qualitymark, Rio de Janeiro, 1997.

FROOT, K. A.; SCHARFSTEIN, D. S. & STEIN, J. C. Risk Management: Coordinating Corporate Investment and Financing Policies, *Journal of Finance*, v.48, n.5, December 1993.

GHOSH, A. & CAI, F. Capital Structure: New Evidence on Optimality and Pecking Order Theory, *American Business Review*, v.17, n.5, January 1999.

GREENE, W. H. Econometric Analysis, 4th ed., Prentice Hall, New Jersey, 2000.

GRINBLATT, M. & TITMAN, S. Financial Markets and Corporate Strategy, Irwin/McGraw-Hill, USA, 1998.

GUL, F. A. Growth Opportunities, Capital Structure and Dividend Policies in Japan, *Journal of Corporate Finance*, v.5, n.2, June 1999.

GUPTA, M. C. The Effect of Size, Growth and Industry on the Financial Structure of Manufacturing Companies, *Journal of Finance*, v.24, n.3, June 1969.

HALL, B. J. & MURPHY, K. J. Optimal Exercise Prices for Executive Stock Options, *American Economic Review*, v.90, n.2, May 2000.

HALLOCK, K. F. & OYER, P. The Timeliness of Performance Information in Determining Executive Compensation, *Journal of Corporate Finance*, v.5, n.4, December 1999.

HANSEN, M. H.; HURWITZ, W. N. & MADOW, W. G. Sample Survey Methods and Theory, vols. I & II, John Wiley & Sons Inc., New York, 1953.

HARRIS, M. & RAVIV, A. The Capital Budgeting Process: Incentives and Information, *Journal of Finance*, v.51, n.4, September 1996.

HARRIS, M. & RAVIV, A. The Theory of Capital Structure, *Journal of Finance*, v.46, n.1, March 1991.

HARRIS, M. & RAVIV, A. Capital Structure and the Informational Role of Debt, *Journal of Finance*, v.45, n.2, June 1990.

HARRIS, M. & RAVIV, A. Corporate Control Contests and Capital Structure, *Journal of Financial Economics*, v.20, n.1-2, January/March 1988.

HARRIS, M. & RAVIV, A. A Sequential Signalling Model of Convertible Debt Call Policy, *Journal of Finance*, v.40, n.5, December 1985.

HASBROUCK, J. The Characteristics of Takeover Targets: *q* and Other Measures, *Journal of Banking and Finance*, v.9, n.3 Setember, 1985.

HAUSHAUTER, G. D. Financing Policy, Basis Risk, and Corporate Hedging: Evidence from Oil and Gas Producers, *Journal of Finance*, v.55, n.1, February 2000.

HECKERMAN, D. G. Motivating Managers to Make Investment Decisions, *Journal of Financial Economics*, v.2, n.3, Setember 1975.

HEINRICH, R. P. Complementarities in Corporate Governance: Ownership Concentration, Capital Structure, Monitoring and Pecuniary Incentives, Kiel Working Paper 968, Kiel Institute of World Economics, Kiel, February 2000.

HELMUTH, J. A. Tobin's q Ratio and Electric Utility Regulation, *Review of Business and Economic Research*, v. 25, n.1, Spring 1990.

HOLMSTROM, B. Managerial Incentive Problems: a Dynamic Perspective, NBER Working Paper 6875, National Bureau of Economic Research, Cambridge, January 1999.

JENSEN, M. C. Foundations of Organizational Strategy, Harvard University Press, Canbridge, Massachusetts, 1998.

JENSEN, M. C. Self-Interest, Altruism, Incentives and Agency Theory, *Journal of Applied Corporate Finance*, v.7, n. 2, Summer 1994.

JENSEN, M. C. Agency Costs of Free Cash Flow, Corporate Finance and Takeovers, *American Economic Review*, v.76, 1986.

JENSEN, M. C. & MECKLING, W. The Nature of Man, *Journal of Applied Corporate Finance*, v. VII, n.2, Summer 1994.

JENSEN, M. C. & MECKLING, W. Theory of the Firm: Managerial Behavior, Agency Costs, and Ownership Structure, *Journal of Financial Economics*, v.3, n.4 October, 1976.

JENSEN, M. C. & MURPHY, K. J. CEO Incentives: It's Not How Much You Pay, But How, *Harvard Business Review*, v.68, n.3, May/June 1990a.

JENSEN, M. C. & MURPHY, K. J. Performance Pay and Top-Management Incentives, *Journal of Political Economy*, v.98, n.2, April 1990b.

JONES, E. P.; MASON, S. P. & ROSENFELD, E. Contingent Claims Analysis of Corporate Capital Structures: an Empirical Investigation, *Journal of Finance*, v.39, n.3, July 1984.

KALABA, R. E.; LANGETIEG, T. C.; RASAKHOO, N. & WEINSTEIN, M. I. Estimation of Implicit Bankruptcy Costs, *Journal of Finance*, v.39, n.3, July 1984.

KANE, A.; MARCUS, A. & MCDONALD, R. L. How Big is the Tax Advantage to Debt?, *Journal of Finance*, v.39, n.3, July 1984.

KAYO, E. K. Estrutura de Capital e Oportunidades de Crescimento: Uma Análise dos Determinantes do Endividamento em Diferentes Contextos Empresariais. Dissertação de Mestrado. São Paulo: FEA/USP 1997.

KIM, E. H. A Mean-Variance Theory of Optimal Capital Structure and Corporate Debt Capacity, *Journal of Finance*, v.33. n. 1, March 1978.

KIM, E. H.; LEWELLEN, W. G. & MCCONNELL, J. J. Financial Leverage Clienteles: Theory and Evidence, *Journal of Financial Economics*, v.7, 1979.

KIM, W. S. & SORENSEN, E. H. Evidence on the Impact of the Agency Costs of Debt in Corporate Debt Policy, *Journal of Financial and Quantitative Analysis*, v.21, n.2, June 1986.

KISH, L. Some Theory of Sampling, John Wiley & Sons Inc., New York, 1965.

KLOCK, M. & THIES, C. F. A Test of Stulz's Overinvestment Hypothesis, *Financial Review*, v.30, n. 3, August 1995.

KOCH, P. D. & SHENOY, C. The Information Content of Dividends and Capital Structure Policies, *Financial Management*, v.28, n.4, Winter 1999.

KRAUS, A. & LITZENBERGER, R. H. A State-Preference Model of Optimal Financial Leverage, *Journal of Finance*, v.28, n.4, September 1973.

LANG, L. H. P. & LITZENBERGER, R. H. Dividend Announcements: Cash Flow Signaling vs. Free Cash Flow Hypothesis?, *Journal of Financial Economics*, v.24, n.1, September1989.

LANG, L.; OFEK, E. & STULZ, R. Leverage, Investment and Firm Growth, *Journal of Financial Economics*, v.40, n.1, January 1996.

LANG, L. H. P. & STULZ, R. M. Tobin's *Q*, Corporate Diversification, and Firm Performance, *Journal of Political Economy*, v.102, n.6, 1994.

LANG, L.; STULZ, R. M. & WALKLING, R. A. A Test of the Free Cash Flow Hypothesis: the Case of Bidder Returns, *Journal of Financial Economics*, v.29, n.2, October 1991.

LANG, L.; STULZ, R. M.; WALKLING, R. A. Managerial Performance, Tobin's *Q*, and the Gains from Successful Tender Offers, *Journal of Financial Economics*, v.24, n.1, September 1989.

LA PORTA, R.; LOPEZ-DE-SILANES, F.; SHLEIFER, A. & VISHNY, R. W. Agency Problems and Dividend Policies Around the World, NBER Working Paper 6594, National Bureau of Economic Research, Cambridge, June 1998.

LEE, D. E. & TOMPKINS, J. G. A Modified Version of the Lewellen and Badrinath Measure of Tobin's *Q*, *Financial Management*, v.28, n.1, Spring 1999.

LELAND, H. E. Agency Costs, Risk Management and Capital Structure, *Journal of Finance*, v.53, n.4, August 1998.

LELAND, H. E. & PYLE, D. H. Informational Asymmetries, Financial Structure, and Financial Intermediation, *Journal of Finance*, v.32, n.2, May 1977.

LEWELLEN, W. G. & BADRINATH, S. G. On the Measurement of Tobin's *Q*, *Journal of Financial Economics*, v.44, n.1, April 1997.

LINDENBERG, E. & ROSS, S. Tobin's *Q* Ratio and Industrial Organization, *Journal of Business*, v.54, n.1, January 1981.

LINTNER, J. Optimal Dividends and Corporate Growth Under Uncertainty, *Quarterly Journal of Economics*, v.78, n.1, February 1964.

MAKSIMOVIC, V. Optimal Capital Structure in Oligopolies. Tese de Doutoramento. Universidade de Harvard 1986.

MARTIN, N. C. Dos Fundamentos da Informação Contábil de Controle. Tese de Doutorado. São Paulo: FEA/USP 1987.

MARTINS, G. A. Manual para Elaboração de Monografias e Dissertações, 2ª ed., Atlas, São Paulo, 1994.

MCCONNELL, J. J. & SERVAES, H. Equity Ownership and the Two Faces of Debt, *Journal of Financial Economics*, v.39, n.1, Setember 1995.

MCCONNELL, J. J. & SERVAES, H. Additional Evidence on Equity Ownership and Corporate Value, *Journal of Financial Economics*, v.27, n.2, October 1990.

MCWILLIAMS, V. B. Tobin's *Q* and the Stock Price Reaction to Antitakeover Amendments, *Financial Management*, v.22, n.4, Winter 1993.

MILLER, M. H. The Modigliani-Miller Proposition After Thirty Years, *Journal of Economic Perspectives*, v.2, n.4, Fall 1988.

MILLER, M. H. Debt and Taxes, *Journal of Finance*, v.32, n.2, May 1977.

MILLER, M. H. & ROCK, K. Dividend Policy Under Asymmetric Information, *Journal of Finance*, v. 40, n.4, September 1985.

MODIGLIANI, F. MM-Past, Present, and Future, *Journal of Economic Perspectives*, v.2, n.4 Fall 1988.

MODIGLIANI, F. & MILLER, M. H. Corporate Income Taxes and the Cost of Capital: a Correction, *American Economic Review*, v.53, n.3, June 1963.

MODIGLIANI, F. & MILLER, M. H. Dividend Policy, Growth, and the Valuation of Shares, *Journal of Business*, v.34, n.4, October 1961.

MODIGLIANI, F. & MILLER, M. H. The Cost of Capital, Corporation Finance, and the Theory of Investment: Reply, *American Economic Review*, v.49, n.4, September 1959.

MODIGLIANI, F. & MILLER, M. H. The Cost of Capital, Corporation Finance, and the Theory of Investment, *American Economic Review*, v.48, n.3, June 1958.

MORCK, R.; SHLEIFER, A. & VISHNY, R. W. Management Ownership and Market Valuation: An Epirical Analysis, *Journal of Financial Economics*, v.20, n.1-2, January/March1988.

MORTON, W. A. The Structure of the Capital Market and the Price of Money, *American Economic Review*, v.44, May 1954.

MYERS, S. C. Outside Equity, *Journal of Finance*, v.55, n.3, June 2000.

MYERS, S. C. The Capital Structure Puzzle, *Journal of Finance*, v.39, n.3, July 1984.

MYERS, S. C. Determinants of Corporate Borrowing, *Journal of Financial Economics*, v.5, n.2, November 1977.

MYERS, S. C. & MAJLUF, N. S. Corporate Financing and Investment Decisions When Firms Have Information that Investors do not Have, *Journal of Financial Economics*, v.13, n.2, June1984.

MYERS, S. C. & SHYAM-SUNDER, L. Testing Static Tradeoff Against Pecking Order Models of Capital Structure, NBER Working Paper 4722, National Bureau of Economic Research, Cambridge, April 1994.

NAKAMURA, W. T. Estrutura de Capital das Empresas no Brasil: Evidências Empíricas. Dissertação de Mestrado. São Paulo: FEA/USP 1992.

OPLER, T. & TITMAN, S. The Determinants of Leveraged Buyout Activity: Free Cash Flow vs. Financial Distress Costs, *The Journal of Finance*, v.48, n.5, December 1993.

PAULA LEITE, H. & SANVICENTE, A. Z. Índice Bovespa: Um Padrão para os Investimentos Brasileiros, Atlas, São Paulo, 1995.

PINDYCK, R. S. & RUBINFELD, D. L. Econometric Models and Economic Forecasts, 4th ed., McGraw-Hill, USA, 1998.

PROCIANOY, J. L. Os Conflitos de Agência entre Controladores e Minoritários nas Empresas Brasileiras Negociadas na Bolsa de Valores de São Paulo: Evidências através do Comportamento da Política de Dividendos após as Modificações Tributárias Ocorridas entre 1988-1989. Tese de Doutorado. São Paulo: FEA/USP 1994.

RAJAN, R. G. & ZINGALES, L. What Do We Know About Capital Structure? Some Evidence from International Data, *Journal of Finance*, v.50, n.5, December 1995.

RAPPAPORT, A. New Thinking on How to Link Executive Pay with Performance, *Harvard Business Review*, v.77, n.2, March/April 1999.

ROSS, S. A. The Determination of Financial Structure: the Incentive Signaling Approach, *Bell Journal of Economics*, v.8, Spring 1977.

ROSS, S. A.; WESTERFIELD, R. W. & JAFFE, J. F. Administração Financeira, Atlas, São Paulo, 1995.

RUBINSTEIN, M. E. A Mean-Variance Synthesis of Corporate Financial Theory, *Journal of Finance*, v.28, n.1, March 1973.

SAFIEDDINE, A. & TITMAN, S. Leverage and Corporate Performance: Evidence from Unsuccessful Takeovers, *Journal of Finance*, v.54, n.2, April 1999.

SERVAES, H. Tobin's *Q* and the Gains from Takeovers, *The Journal of Finance*, v.46, n.1, March 1991.

SHAH, K. The Nature of Information Conveyed by Pure Capital Structure Changes, *Journal of Financial Economics*, v.36, n.1, August 1994.

SHEFRIN, H. M. & STATMAN M. Explaining Investor Preference for Cash Dividends, *Journal of Financial Economics*, v.13, n.2, June 1984.

SHILLER, R. J. & MODIGLIANI, F. Coupon and Tax Effects on New and Seasoned Bond Yields and the Measurement of the Cost of Debt Capital, *Journal of Financial Economics*, v.7, n.2, Setember 1979.

SHIN, H. & PARK, Y. S. Financing Constraints and Internal Capital Markets: Evidence from Korean 'Chaebols', *Journal of Corporate Finance*, v.5, n.2, June 1999.

SHIN, H. & STULZ, R. Firm Value, Risk and Growth Opportunities, NBER Working Paper 7808, National Bureau of Economic Research, Cambridge, July 2000.

SHLEIFER, A. & VISHNY, R. Large Shareholders and Corporate Control, *Journal of Political Economy*, v.94, n.3, June 1986.

SIMON, H. A Behavioral Model of Rational Choice, *Quarterly Journal of Economics*, v.69, February 1955.

SOLOMON, E. Leverage and the Cost of Capital, *American Economic Review*, v.18, n.2, May 1963.

SOMERS, H. M. 'Cost of Money' as the Determinant of Public Utility Rates, *Buffalo Law Review*, v. 4, Spring 1955.

STAPLETON, R. C. A Note on Default Risk, Leverage and the MM Theorem, *Journal of Financial Economics*, v.2, n.4, December 1975.

STICKNEY, C. P. & WEIL, R. L. Financial Accounting: an Introduction to Concepts, Methods and Uses, Dryden Press, EUA, 1997.

STIGLITZ, J. E. Some Aspects of the Pure Theory of Corporate Finance: Bankruptcies and Takeovers, *Bell Journal of Economics and Management Science*, v.3, n.2, Autumn 1972.

STIGLITZ, J. E. A Re-Examination of the Modigliani-Miller Theorem, *American Economic Review*, v.59, n.5, December 1969.

STIGLITZ, J. E. & WEISS, A. Credit Rationing: Reply, *American Economic Review*, v.77, n.1, June 1987.

STIGLITZ, J. E. & WEISS, A. Credit Rationing in Markets With Imperfect Information, *American Economic Review*, v.71, n.3, June 1981.

STULZ, R. Globalization of Equity Markets and the Cost of Capital, NBER Working Paper 7021, National Bureau of Economic Research, Cambridge, March 1999.

STULZ, R. Managerial Discretion and Optimal Financing Policies, *Journal of Financial Economics*, v.26, n.1, July 1990.

STULZ, R. Managerial Control of Voting Rights: Financing Policies and the Market for Corporate Control, *Journal of Financial Economics*, v. 20, n.1-2,January/March 1988.

THORBURN, K. S. Bankruptcy Auctions: Costs, Debt Recovery, and Firm Survival, *Journal of Financial Economics*, v.58, n.3, Decenber 2000.

TITMAN, S. The Effect of Capital Structure on the Firm's Liquidation Decision, *Journal of Financial Economics*, v.13, n.1 March 1984.

TITMAN, S. & WESSELS, R. The Determinants of Capital Structure Choice, *Journal of Finance*, v. 43, n.1, March 1988.

TOBIN, J. A General Equilibrium Approach to Monetary Theory, *Journal of Money, Credit, and Banking*, v.1, n.1, February 1969.

TOBIN, J. & BRAINARD, W. Pitfalls in Financial Model Building, *American Economic Review*, v.58, n.2, May 1968.

VARELA, O. & LIMMACK R. J. Financial Structure and Industry Classification in the United Kingdom: Empirical Research Findings, *Journal of Financial Management and Analysis*, v.11, n.1, January/June 1998.

WALD, J. K. How Firm Characteristics Affect Capital Structure: an International Comparison, *Journal of Financial Research*, v.22, n.2, Summer 1999a.

WALD, J. K. Capital Structure With Dividend Restrictions, *Journal of Corporate Finance*, v.5, n.2, June 1999b.

WALTER, J. E. Dividend Policy: Its Influence on the Value of the Enterprise, *Journal of Finance*, v. 18, n.2, May 1963.

WARNER, J. B. Bankruptcy Costs: Some Evidence, *Journal of Finance*, v.32, n.2, May 1977.

WESTON, J. F. A Test of Cost of Capital Propositions, *Southern Economic Journal*, v.30, n.2, October 1963.

WEISS, L. A. Bankruptcy Resolution: Direct Costs and Violation of Priority of Claims, *Journal of Financial Economics*, v.27, n.2, October 1990.

WHITE, H. A Heteroskedasticity-Consistent Covariance Matrix and a Direct Test for Heteroskedasticity, *Econometrica*, v.48, n.4, May 1980.

WILLIAMSON, O. E. The Mechanisms of Governance, Oxford University Press, New York, 1996.

WILLIAMSON, O. E. Corporate Finance and Corporate Governance, *Journal of Finance*, v.43, n.3, July 1988.

WRUCK, K. H. Financial Policy, Internal Control, and Performance: Sealed Air Corporation's Leveraged Special Dividend, *Journal of Financial Economics*, v.36, n.2, October 1994.

YATES, F. Sampling Methods for Censuses and Surveys, 3rd ed., Charles Griffin & Company Limited, London, 1960.

ZHOU, X. Executive Compensation and Managerial Incentives: a Comparison Between Canada and the United States, *Journal of Corporate Finance*, v.5, n.3, September 1999.

APÊNDICE

A.1. ANÁLISE DE DIAGNÓSTICO DAS REGRESSÕES DO PERÍODO 2000/1999

A.1.1. EMPRESAS COM MUITAS OPORTUNIDADES DISPONÍVEIS (2000/1999)

Figura A.1 — Histograma dos resíduos e teste de normalidade de Jarque-Bera, modelo (4.16), grupo G1

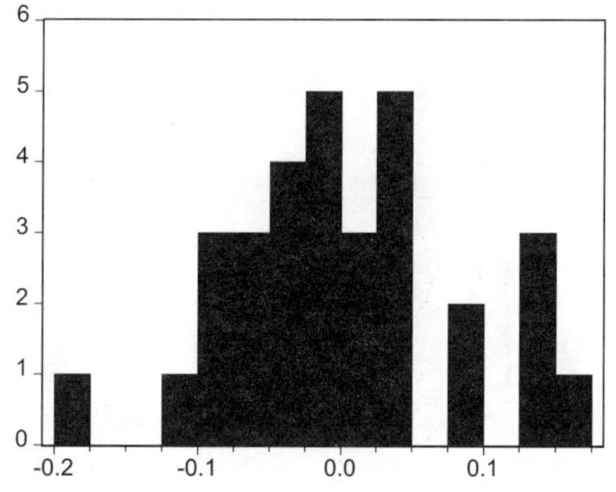

S	0.241322
K	2.735771
Jarque-Bera	0.391069
valor-p	0.822395

Figura A-2 — Gráfico dos resíduos padronizados do modelo (4.16), grupo G1

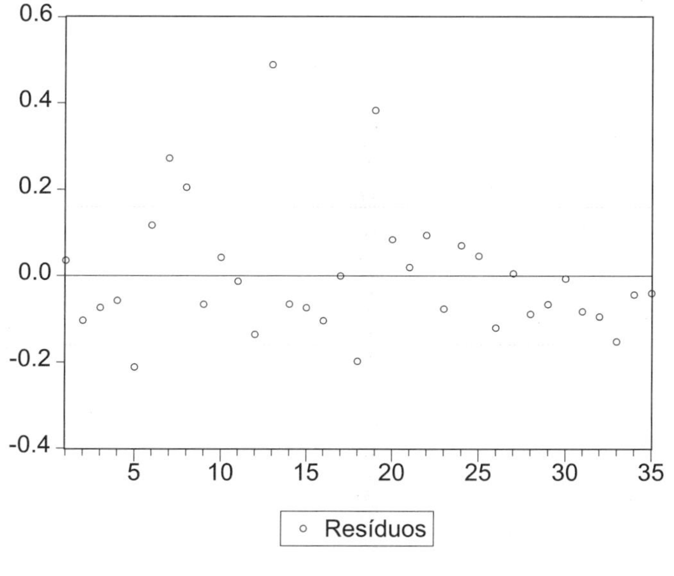

Figura A-3 — Gráfico das alavancagens (h_i) do modelo (4.16), grupo G1

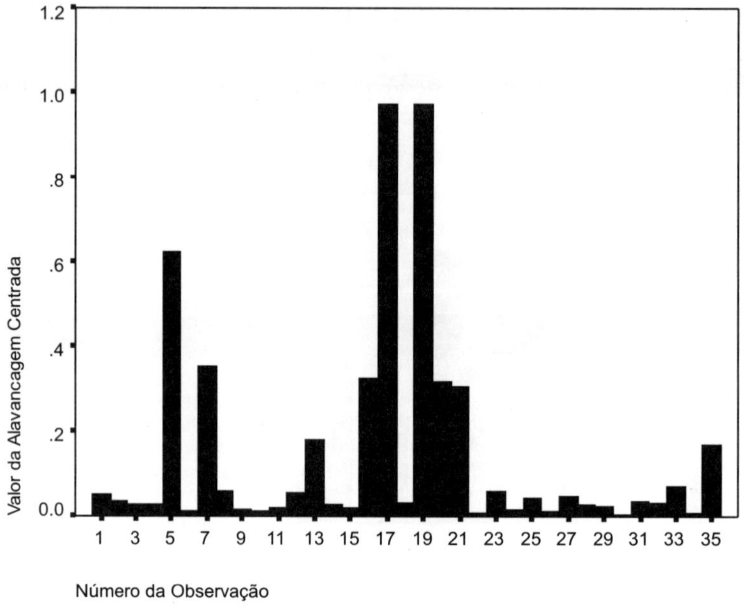

Figura A-4 — Gráfico das distâncias de Cook do modelo (4.16), grupo G1

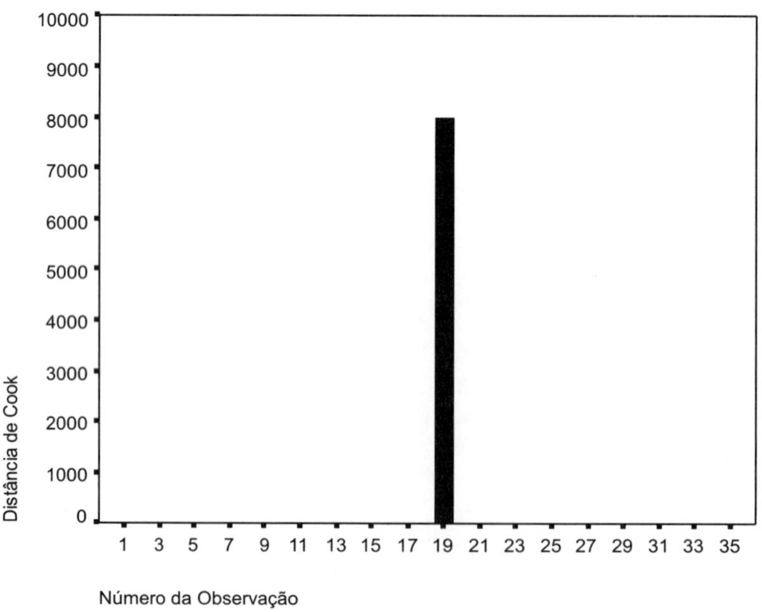

Tabela A-1 — Teste de White do modelo (4.16) sem termos cruzados, grupo G1

W	6.754407	*valor-p*		0.344158
Equação de Teste: **Variável Dependente: Resíduos ao Quadrado -e^2** **Método: Mínimos Quadrados (OLS)** **Observações Incluídas: 31**				
Variável	**Coeficiente**	**Erro Padr.**	**Estat.-t**	***valor-p.***
Constante	-0.000583	0.006653	-0.087566	0.9309
A	0.037061	0.026890	1.378233	0.1808
A^2	-0.033029	0.026533	-1.244803	0.2252
VAA	-0.003300	0.009105	-0.362395	0.7202
VAA^2	0.003459	0.003628	0.953351	0.3499
ComAtac	-0.002953	0.008810	-0.335178	0.7404
ComVar	-0.004804	0.006519	-0.736896	0.4683
R-quadrado	0.217884	Estatística F		1.114332
R-quadrado Ajustado	0.022355	*valor-p* (Estat. F)		0.383370

Tabela A-2 — Teste de White do modelo (4.16) com termos cruzados, grupo G1

W	7.039605	*valor-p*		0.532366
Equação de Teste: **Variável Dependente: Resíduos ao Quadrado -e^2** **Método: Mínimos Quadrados (OLS)** **Observações Incluídas: 31**				
Variável	**Coeficiente**	**Erro Padr.**	**Estat.-t**	***valor-p.***
Constante	-0.002395	0.007788	-0.307562	0.7613
A	0.028242	0.033626	0.839888	0.4100
A^2	-0.003296	0.066684	-0.049433	0.9610
A*VAA	-0.011245	0.022739	-0.494508	0.6258
A**ComAtac*	-0.020726	0.069509	-0.298182	0.7684
*A*ComVar*	-0.017880	0.080551	-0.221966	0.8264
—A— VAA	0.003165	0.016219	0.195174	0.8470
VAA^2	0.001922	0.004910	0.391367	0.6993
VAA**ComVar*	0.003525	0.062452	0.056446	0.9555
R-quadrado	0.227084	Estatística F		0.807955
R-quadrado Ajustado	-0.053976	*valor-p* (Estat. F)		0.602834

Tabela A-3 — Teste de heterocedasticidade de Breusch-Pagan do modelo (4.16), G1

BP	**1.928**	*valor-p*	**0.1591**
Equação de Teste: Variável Dependente: Resíduos ao Quadrado -e^2 Variáveis Independentes: Constante e*A* Observações Incluídas: 31			

Tabela A-4 — Teste de heterocedasticidade de Breusch-Pagan do modelo (4.16) com diversas especificações alternativas, grupo G1

Equação de Teste:
Variável Dependente: Resíduos ao Quadrado -e^2
Observações Incluídas: 31

Variáveis Independentes	BP	*valor-p.*
1) Constante, A e A^2	**2.0772**	**0.3539**
2) Constante, A e VAA	**4.4413**	**0.1085**
3) Constante e VAA	**3.7141**	**0.0540**
4) Constante, VAA, ComAtac e ComVar	**4.1655**	**0.2441**
5) Constante, ComAtac e ComVar	**1.1907**	**0.5514**

Tabela A-5 — Modelo (4.16) — Tolerância e VIF, grupo G1

Variável	Tolerância	VIF
A	.877	1.140
VAA	.841	1.189
ComAtac	.974	1.027
ComVar	.930	1.076

Tabela A-6 — Modelo (4.16) — Número de condição, grupo G1

Dimensão do Modelo	λ	NC
1	2.718	1.000
2	1.007	1.643
3	.928	1.711
4	.207	3.621
5	.139	**4.416**

Figura A-5 — Histograma dos resíduos e teste de normalidade de Jarque-Bera, modelo (4-17), grupo G1

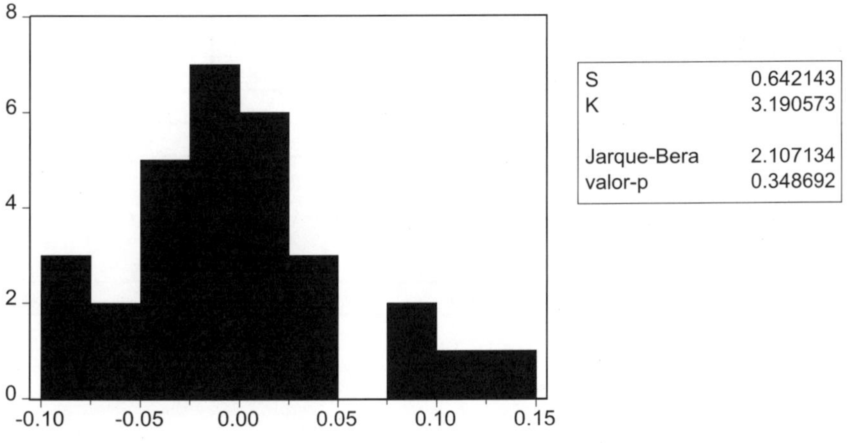

Tabela A-7 — Teste de White sem termos cruzados modelo (4-17), Grupo G1

W	**5.074743**	*valor-p*		**0.650842**
Equação de Teste: **Variável Dependente: Resíduos ao Quadrado - e^2** **Método: Mínimos Quadrados (OLS)** **Observações Incluídas: 30**				
Variável	**Coeficiente**	**Erro Padr.**	**Estat.-t**	***valor-p.***
Constante	0.000556	0.005056	0.109998	0.9134
A	0.020254	0.053788	0.376549	0.7101
A^2	-0.016488	0.107089	-0.153968	0.8790
(A^2)^2	-0.005492	0.054146	-0.101433	0.9201
VAA	-0.003346	0.006364	-0.525704	0.6044
VAA^2	0.002052	0.002358	0.870386	0.3935
ComAtac	-0.001731	0.004841	-0.357471	0.7241
ComVar	-0.003104	0.003854	-0.805486	0.4292
R-quadrado	0.169158	Estatística F		0.639881
R-quadrado Ajustado	-0.095201	*valor-p* (Estat. F)		0.718445

Tabela A-8 — Teste de White com termos cruzados modelo (4-17), Grupo G1

W	**8.316409**	*valor-p*		**0.684711**
Equação de Teste: **Variável Dependente: Resíduos ao Quadrado - e^2** **Método: Mínimos Quadrados (OLS)** **Observações Incluídas: 31**				
Variável	**Coeficiente**	**Erro Padr.**	**Estat.-t**	***valor-p.***
Constante	-0.016607	0.033551	-0.494966	0.6266
A	0.191316	0.467616	0.409130	0.6873
A^2	-0.595366	2.243708	-0.265349	0.7938
A*A^2	0.775434	4.252586	0.182344	0.8574
A*VAA	-0.029235	0.160493	-0.182160	0.8575
A**ComAtac*	-0.009624	0.038222	-0.251801	0.8040
A**ComVar*	-0.023128	0.078885	-0.293182	0.7727
(A^2)^2	-0.312567	2.783808	-0.112280	0.9118
(A^2)*VAA	0.004856	0.336208	0.014445	0.9886
(A^2)**ComVar*	0.036559	0.235942	0.154947	0.8786
VAA	0.006017	0.022484	0.267622	0.7920
VAA^2	0.000393	0.003305	0.118798	0.9068
R-quadrado	0.277214	Estatística F		0.627602
R-quadrado Ajustado	-0.164489	*valor-p* (Estat. F)		0.783182

Tabela A-9 — Teste de heterocedasticidade de Breusch-Pagan com diversas especificações alternativas, modelo (4.17), grupo G1

Equação de Teste: **Variável Dependente: Resíduos ao Quadrado** $-e^2$ **Observações Incluídas: 31**		
Variáveis Independentes	**BP**	***valor-p.***
1) Constante e A	**0.0398**	**0.8420**
2) Constante, A e A^2	**1.7187**	**0.4234**
3) Constante, A e VAA	**2.9814**	**0.3945**
4) Constante, A, A^2, VAA, ComAtac e ComVar	**3.7257**	**0.5895**
5) Constante, ComAtac e ComVar	**0.9127**	**0.6336**
6) Constante, VAA	**0.2602**	**0.6100**

Tabela A-10 — Modelo (4.17) — Tolerância e VIF, grupo G1

Variável	**Tolerância**	**VIF**
A	.089	11.226
A^2	.083	12.087
VAA	.711	1.407
ComAtac	.944	1.059
ComVar	.916	1.092

Tabela A-11 — Modelo (4.17) — Número de condição, grupo G1

Dimensão do Modelo	λ	**NC**
1	3.241	1.000
2	1.019	1.783
3	.965	1.833
4	.589	2.345
5	.169	4.382
6	1.633E-02	**14.087**

A.1.2. Empresas com poucas oportunidades disponíveis (2000/1999)

Figura A-6 — Histograma dos resíduos e teste de normalidade de Jarque-Bera, modelo (4.18), grupo G2

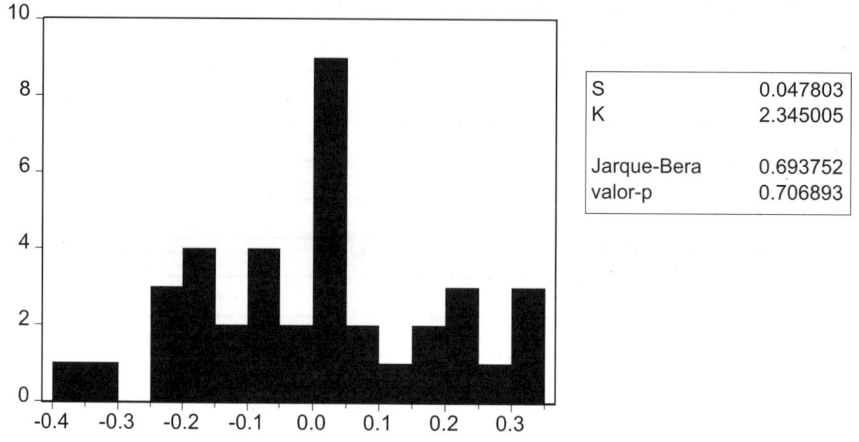

Tabela A-12 — Teste de White sem termos cruzados, modelo (4.18), grupo G2

W	**5.740494**	*valor-p*		**0.570356**
Equação de Teste: **Variável Dependente: Resíduos ao Quadrado - e^2** **Método: Mínimos Quadrados (OLS)** **Observações Incluídas: 38**				
Variável	**Coeficiente**	**Erro Padr.**	**Estat.-t**	***valor-p.***
Constante	0.027701	0.015334	1.806.450	0.0809
A	0.033642	0.080086	0.420069	0.6774
A^2	0.002327	0.056744	0.041013	0.9676
RALO	-0.007862	0.078875	-0.099676	0.9213
RALO^2	-0.004557	0.107762	-0.042290	0.9665
DivPag	-4.38E-05	1.28E-05	-3.405.980	0.0019
DivPag^2	1.53E-09	4.50E-10	3.398.776	0.0019
Constr	-0.030862	0.008543	-3.612.521	0.0011
R-quadrado	0.151066	Estatística F		0.762631
R-quadrado Ajustado	-0.047019	*valor-p* (Estat. F)		0.622483

Tabela A-13 — Teste de White com termos cruzados, modelo (4.18), grupo G2

W	**5.952481**	*valor-p*		**0.819240**
Equação de Teste: **Variável Dependente: Resíduos ao Quadrado - e^2** **Método: Mínimos Quadrados (OLS)** **Observações Incluídas: 38**				
Variável	**Coeficiente**	**Erro Padr.**	**Estat.-t**	***valor-p.***
Constante	0.031463	0.023208	1.355.695	0.1864
A	-0.018814	0.177084	-0.106243	0.9162
A^2	0.126403	0.332183	0.380522	0.7065
A*RALO	0.147005	0.366282	0.401344	0.6913
A*DivPag	-7.69E-05	0.000190	-0.404554	0.6890
A**Constr*	-0.297186	0.104250	-2.850.698	0.0083
RALO	-0.061502	0.186871	-0.329114	0.7446
RALO^2	-0.062783	0.228193	-0.275131	0.7853
RALO*DivPag	0.000180	0.000631	0.284635	0.7781
DivPag	-2.03E-05	6.84E-05	-0.296183	0.7694
DivPag^2	2.83E-09	3.34E-09	0.846783	0.4046
R-quadrado	0.156644	Estatística F		0.501496
R-quadrado Ajustado	-0.155710	*valor-p* (Estat. F)		0.873894

Tabela A-14 — Teste de heterocedasticidade de Breusch-Pagan com diversas especificações alternativas, modelo (4.18), gupo G2

Equação de Teste: **Variável Dependente: Resíduos ao Quadrado -e^2** **Observações Incluídas: 38**		
Variáveis Independentes	**BP**	***valor-p.***
1) Constante e A	**1.7757**	**0.1827**
2) Constante, A e A^2	**1.9996**	**0.3679**
3) Constante, A e RALO	**2.1968**	**0.3334**
4) Constante e RALO	**1.6248**	**0.2024**
5) Constante, DivPag	**0.8489**	**0.3569**
6) Constante, A, A^2 e *Constr*	**2.6180**	**0.4543**

Tabela A-15 — Modelo (4.18) — Tolerância e VIF, grupo G2

Variável	Tolerância	VIF
A	.656	1.524
RALO	.687	1.456
DivPag	.944	1.060
Constr	.991	1.009

Tabela A-16 — Modelo (4.18) — Número de condição, grupo G2

Dimensão do Modelo	λ	NC
1	2.129	1.000
2	1.037	1.433
3	.955	1.493
4	.655	1.803
5	.224	**3.082**

Figura A-7 — Histograma dos resíduos e teste de normailidade de Jarque-Bera, modelo (4.19), grupo G1

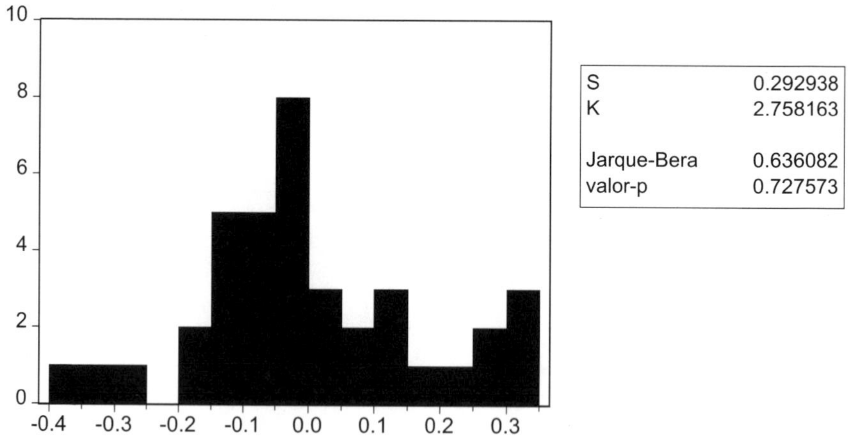

Tabela A-17 — Teste de White (omitindo a equação teste) sem termos cruzados, modelo (4.19), grupo G2

W	**4.65033**	*valor-p*	**0.460025**

Tabela A-18 — Teste de White (omitindo a equação teste) com termos cruzados, modelo (4.19), grupo G2

W	**9.97303**	*valor-p*	**0.266923**

Tabela A-19 — Teste de heterocedasticidade de Breusch-Pagan com diversas especificações alternativas, modelo (4.19), grupo G2

Equação de Teste: Variável Dependente: Resíduos ao Quadrado -e^2 Observações Incluídas: 30		
Variáveis Independentes	**BP**	***valor-p.***
1) Constante e A	**0.5807**	**0.4460**
2) Constante, A e A^2	**1.0849**	**0.5813**
3) Constante e RALO	**0.1377**	**0.7106**
4) Constante, A, A^2 e RALO	**1.2044**	**0.7520**
5) Constante, A e RALO	**0.5840**	**0.7468**
6) Constante e A^2	**0.9825**	**0.3216**

Tabela A-20 — Modelo (4.19) — Tolerância e VIF, grupo G2

Variável	Tolerância	VIF
A	.179	5.586
A^2	.155	6.454
RALO	.602	1.662

Tabela A-21 — Modelo (4.19) — Número de condição, grupo G2

Dimensão do Modelo	λ	NC
1	2.742	1.000
2	.809	1.842
3	.394	2.638
4	5.467E-02	7.082

A.2. ANÁLISE DE DIAGNÓSTICO DAS REGRESSÕES DO PERÍODO 1998/1997

A.2.1. EMPRESAS COM MUITAS OPORTUNIDADES DISPONÍVEIS (1998/1997)

Figura A-8 — Histograma dos resíduos e teste de normalidade de Jarque-Bera, modelo (4.20), grupo G1

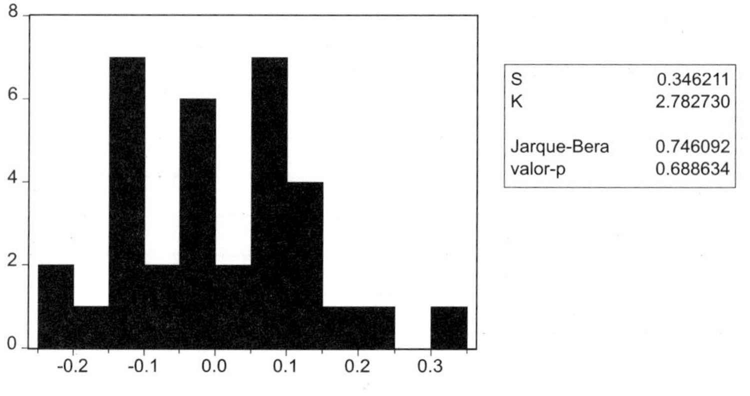

Tabela A-22 — Teste de White sem termo cruzados, modelo (4.20), grupo G1

W	**8.587381**	*valor-p*		**0.476200**
Equação de Teste: **Variável Dependente: Resíduos ao Quadrado - e^2** **Método: Mínimos Quadrados (OLS)** **Observações Incluídas: 34**				
Variável	**Coeficiente**	**Erro Padr.**	**Estat.-t**	***valor-p.***
Constante	0.058899	0.018206	3.235.240	0.0035
A	-0.007844	0.050868	-0.154198	0.8787
A^2	-0.040473	0.071279	-0.567809	0.5754
VAA	-0.148873	0.054699	-2.721.657	0.0119
VAA^2	0.074018	0.024632	3.005.006	0.0061
VAPL	0.018142	0.025588	0.709007	0.4852
VAPL^2	-0.001868	0.002628	-0.710515	0.4842
RALOP	0.089048	0.100101	0.889587	0.3825
RALOP^2	-0.318084	0.295138	-1.077.746	0.2919
Manuf	-0.006815	0.006243	-1.091.663	0.2858
R-quadrado	0.252570	Estatística F		0.901115
R-quadrado Ajustado	-0.027716	*valor-p* (Estat. F)		0.539513

Tabela A-23 — Teste de White (omitindo a equação de teste) com termos cruzados, modelo (4.20), grupo G1

W	**12.76336**	*valor-p*	**0.85046**

Por economia de espaço, apenas a estatística W e seu correspondente valor-p são aqui reportados, visto que o modelo comporta um total de vinte termos.

Tabela A-24 — Teste de heterocedasticidade de Breusch-Pagan com diversas especificações alternativas, modelo (4.20), grupo G1

Equação de Teste: **Variável Dependente: Resíduos ao Quadrado** $-e^2$ **Observações Incluídas: 34**		
Variáveis Independentes	**BP**	***valor-p.***
1) Constante e A	**0.5250**	**0.4687**
2) Constante, A e A^2	**0.6738**	**0.7140**
3) Constante e VAA	**2.6095**	**0.1062**
4) Constante, VAA e VAPL	**3.5788**	**0.1671**
5) Constante, VAA, VAPL e RALOP	**3.5815**	**0.3103**
6) Constante e *Manuf*	**0.2128**	**0.6445**

Tabela A-25 — Modelo (4.20) — Tolerância e VIF, grupo G1

Variável	Tolerância	VIF
A	.417	2.400
VAA	.354	2.828
VAPL	.354	2.829
RALOP	.681	1.468
Manuf	.779	1.284

Tabela A-26 — Modelo (4.20) — Número de condição, grupo G1

Dimensão do Modelo	λ	NC
1	4.393	1.000
2	.809	2.330
3	.300	3.824
4	.256	4.146
5	.215	4.523
6	2.802E-02	12.521

Figura A-9 — Histograma dos resíduos e teste de normalidade de Jarque-Bera, modelo (4.21), grupo G1

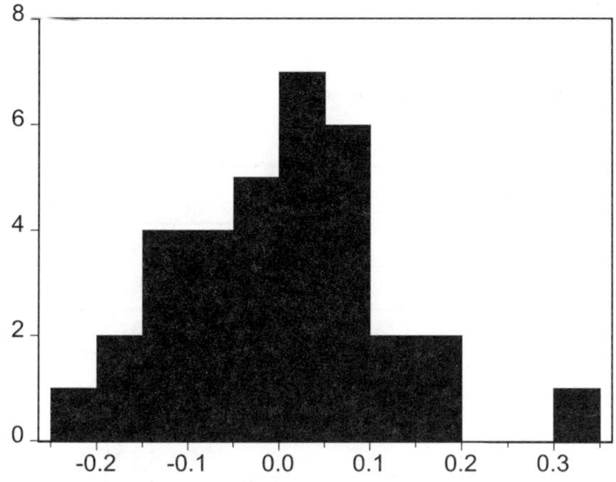

S	0.281025
K	3.343835
Jarque-Bera	0.615009
valor-p	0.735280

Tabela A-27 — Teste de White (omitindo a equação teste) sem termos cruzados, modelo (4.21), grupo G1

W	**8.587381**	*valor-p*	**0.476200**

Tabela A-28 — Teste de White (omitindo a equação teste) com termos cruzados, modelo (4.21), grupo G1

W	**12.76336**	*valor-p*	**0.85046**

Tabela A-29 — Teste de heterocedasticidade de Breusch-Pagan com diversas especificações alternativas, modelo (4.21), grupo G1

Equação de Teste: **Variável Dependente: Resíduos ao Quadrado -e^2** **Observações Incluídas: 34**		
Variáveis Independentes	**BP**	***valor-p.***
1) Constante e A	**0.0331**	**0.8556**
2) Constante, A e A^2	**1.5094**	**0.4701**
3) Constante e VAA	**0.0306**	**0.8611**
4) Constante, VAA e VAPL	**0.4974**	**0.7798**
5) Constante, VAA, VAPL e RPL	**1.7768**	**0.6200**
6) Constante, RPL, *ComAtac* e *Manuf*	**1.1843**	**0.7568**

Tabela A-30 — Modelo (4.21) — Tolerância e VIF, grupo G1

Variável	**Tolerância**	**VIF**
A	.082	12.256
A^2	.054	18.406
VAA	.670	1.492
VAPL	.264	3.787
RPL	.972	1.029
ComAtac	.779	1.284

Tabela A-31 — Modelo (4.21) — Número de condição, grupo G1

Dimensão do Modelo	λ	**NC**
1	3.709	1.000
2	1.589	1.528
3	.973	1.953
4	.379	3.128
5	.265	3.740
6	6.865E-02	7.351
7	1.682E-02	14.848

A.2.2. EMPRESAS COM POUCAS OPORTUNIDADES DISPONÍVEIS (1998/1997)

Figura A-10 — Histograma dos resíduos e teste de normalidade de Jarque-Bera, modelo (4.22), grupo G2

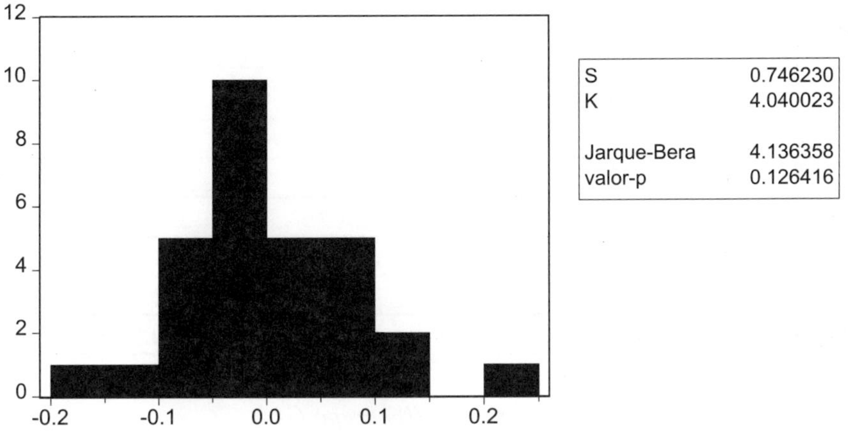

Tabela A-32 — Teste de White (omitindo a equação teste) sem termos cruzados, modelo (4.22), grupo G2

W	**5.950476**	*valor-p*	**0.65277**

Tabela A-33 — Teste de White (omitindo a equação teste) com termos cruzados, modelo (4.22), grupo G2

W	**10.57379**	*valor-p*	**0.56575**

Tabela A-34 — Teste de heterocedasticidade de Breusch-Pagan com diversas especificações alternativas, modelo (4.22), grupo G2

Equação de Teste: **Variável Dependente: Resíduos ao Quadrado** $-e^2$ **Observações Incluídas: 34**		
Variáveis Independentes	**BP**	***valor-p.***
1) Constante e A	**1.1348**	**0.2867**
2) Constante, A e A^2	**1.9653**	**0.3743**
3) Constante e VAA	**0.0416**	**0.8384**
4) Constante, A e VAA	**1.2373**	**0.5387**
5) Constante e RPL	**1.2834**	**0.2573**
6) Constante, *ComVar* , *Constr* , *Manuf* e *Miner*	**0.9072**	**0.9235**

Tabela A-35 — Modelo (4.22) — Tolerância e VIF, grupo G2

Variável	**Tolerância**	**VIF**
A	.894	1.118
VAPL	.974	1.027
ComVar	.823	1.215
Constr	.621	1.611
Manuf	.522	1.915
Miner	.816	1.225

Tabela A-36 — Modelo (4.22) — Número de condição, grupo G2

Dimensão do Modelo	λ	**NC**
1	2.864	1.000
2	1.030	1.667
3	1.002	1.690
4	1.000	1.692
5	.847	1.839
6	.195	3.828
7	6.099E-02	6.852

Figura A-11 — Histograma dos resíduos e teste de normalidade de Jarque-Bera, modelo (4.23), grupo G2

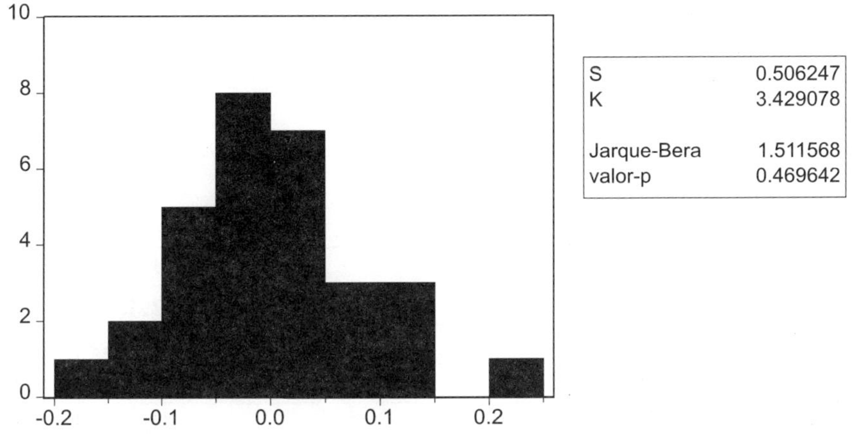

Tabela A-37 — Teste de White (omitindo a equação de teste) sem termos cruzados, modelo (4.23), grupo G2

W	**7.15921**	*valor-p*	**0.519556**

Tabela A-38 — Teste de White (omitindo a equação de teste) com termos cruzados, modelo (4.23), grupo G2

W	**21.4082**	*valor-p*	**0.124286**

Tabela A-39 — Teste de hetocedasticidade de Breusch-Pagan com diversas especificações alternativas, modelo (4.23), grupo G2

Equação de Teste: **Variável Dependente: Resíduos ao Quadrado** $-e^2$ **Observações Incluídas: 30**		
Variáveis Independentes	**BP**	***valor-p.***
1) Constante e A	**0.3671**	**0.5446**
2) Constante, A e A^2	**1.1928**	**0.5508**
3) Constante A e VAA	**2.4895**	**0.2880**
4) Constante, A e VAPL	**0.6619**	**0.7182**
5) Constante e VAPL	**0.2226**	**0.6371**
6) Constante, VAPL, *Constr*, *Manuf* e *Miner*	**1.7115**	**0.7886**

Tabela A-40 — Modelo (4.23) — Tolerância e VIF, grupo G2

Variável	**Tolerância**	**VIF**
A	.105	9.562
A^2	.107	9.320
VAPL	.971	1.030
Constr	.677	1.477
Manuf	.622	1.608
Miner	.847	1.181

Tabela A-41 — Modelo (4.23) — Número de condição, grupo G2

Dimensão do Modelo	λ	**NC**
1	3.470	1.000
2	1.051	1.817
3	1.001	1.862
4	.928	1.934
5	.442	2.803
6	9.039E-02	6.196
7	1.860E-02	1.181

A.3. Análise de Diagnóstico das Regressões do Período 1996/1995

A.3.1. Empresas com muitas oportunidades disponíveis (1996/1995)

Figura A-12 — Histograma dos resíduos e teste de normalidade de Jarque-Bera, modelo (4.24), grupo G1

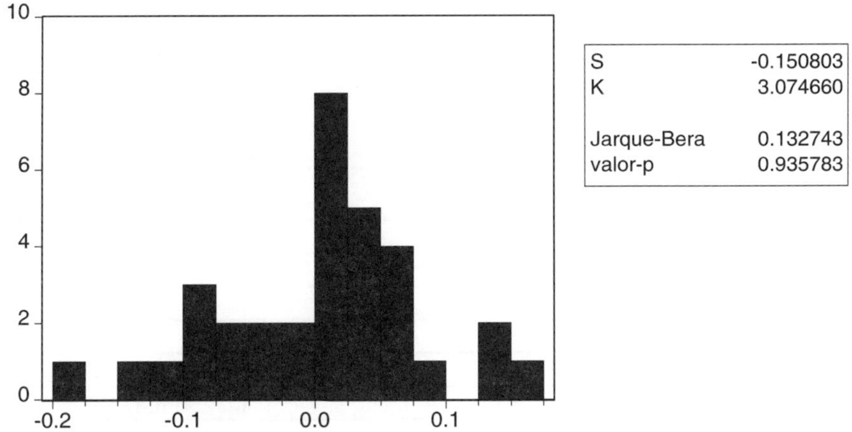

Tabela A-42 — Teste de White sem termos cruzados, modelo (4.24), grupo G1

W	**10.61337**	*valor-p*		**0.476199**
Equação de Teste: **Variável Dependente: Resíduos ao Quadrado - e^2** **Método: Mínimos Quadrados (OLS)** **Observações Incluídas: 33**				
Variável	**Coeficiente**	**Erro Padr.**	**Estat.-t**	***valor-p.***
a - Constante	-0.010813	0.012548	-0.861772	0.3985
A	0.072110	0.044199	1.631487	0.1177
A^2	-0.063683	0.047311	-1.346055	0.1926
VAA	0.003281	0.032243	0.101762	0.9199
VAA^2	0.004582	0.024573	0.186456	0.8539
RALL	0.116906	0.102198	1.143.923	0.2655
RALL^2	2.391.987	1.870.135	1.279.046	0.2148
Met	-0.013867	0.009068	-1.529.167	0.1411
MinNMet	-0.008675	0.007797	-1.112.638	0.2784
Min	-0.002826	0.002867	-0.985863	0.3354
PaCel	-0.003429	0.002543	-1.348.418	0.1919
Sid	-0.004926	0.008724	-0.564733	0.5782
R-quadrado	0.321617	Estatística F		0.905089
R-quadrado Ajustado	-0.033726	*valor-p* (Estat. F)		0.551744

O teste de White com termos cruzados não pode ser realizado para este modelo, em razão do número insuficiente de observações para a estimação de todos os parâmetros.

Tabela A-43 — Teste de heterocedasticidade de Breusch-Pagan com diversas especificações alternativas, modelo (4.24), grupo G1

Equação de Teste: **Variável Dependente: Resíduos ao Quadrado - e^2** **Observações Incluídas: 34**		
Variáveis Independentes	**BP**	***valor-p.***
1) Constante e A	**0.9900**	**0.3198**
2) Constante, A e A^2	**1.2394**	**0.5381**
3) Constante e VAA	**0.1387**	**0.7096**
4) Constante e VAPL	**0.0091**	**0.9242**
5) Constante, A, A^2 e VAA	**4.0688**	**0.2541**
6) Constante e *RALL*	**0.4344**	**0.5099**
7) Constante, *Met*, *MinNMet*, *Min*, *PaCel* e *Sid*	**2.8404**	**0.7246**

Tabela A-44 — Modelo (4.24) — Tolerância e VIF, grupo G1

Variável	**Tolerância**	**VIF**
A	.344	2.907
VAA	.403	2.481
RALL	.342	2.921
Met	.737	1.356
MinNMet	.871	1.148
Min	.971	1.030
PaCel	.975	1.026
Sid	.693	1.443

Tabela A-45 — Modelo (4.24) — Número de condição, grupo G1

Dimensão do Modelo	λ	NC
1	2.654	1.000
2	1.773	1.223
3	1.008	1.623
4	1.002	1.627
5	1.000	1.629
6	.843	1.774
7	.533	2.231
8	.156	4.120
9	2.978E-02	9.441

Figura A-13 — Histograma dos resíduos e teste de normalidade de Jarque-Bera, modelo (4.25), grupo G1

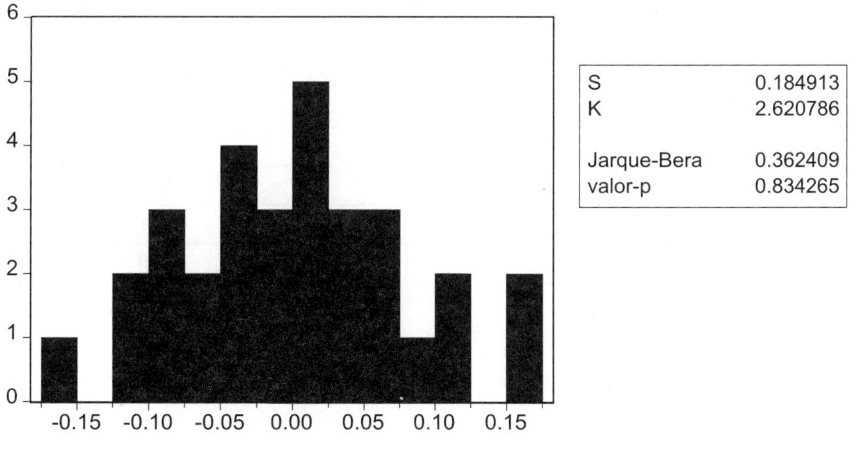

Tabela A-46 — Teste de White (omitindo a equação de teste) sem termos cruzados, modelo (4.25), grupo G1

W	**8.239809**	*valor-p*	**0.510172**

Tabela A-47 — Teste de White (omitindo a equação de teste) com termos cruzados, modelo (4.25), grupo G1

W	**24.25927**	*valor-p*	**0.186394**

Tabela A-48 — Teste de heterocedasticidade de Breusch-Pagan com diversas especificações alternativas, modelo (4.25), grupo G1

Equação de Teste: Variável Dependente: Resíduos ao Quadrado -e^2 Observações Incluídas: 33		
Variáveis Independentes	**BP**	***valor-p.***
1) Constante e A	**1.2137**	**0.2706**
2) Constante, A e A^2	**2.1299**	**0.3447**
3) Constante e *Payout*	**0.1555**	**0.6933**
4) Constante, A, A^2 e *Payout*	**2.1304**	**0.5458**
5) Constante, VAA e RPL	**0.0124**	**0.9938**

Tabela A-49 — Modelo (4.25) — Tolerância e VIF, grupo G1

Variável	Tolerância	VIF
A	.084	11.950
A^2	.067	14.991
VAA	.489	2.044
RPL	.223	4.492
Payout	.759	1.317

Tabela A-50 — Modelo (4.25) — Número de condição, grupo G1

Dimensão do Modelo	λ	NC
1	3.623	1.000
2	1.895	1.383
3	.228	3.990
4	.181	4.470
5	5.815E-02	7.893
6	1.507E-02	15.506

A.3.2. EMPRESAS COM POUCAS OPORTUNIDADES DISPONÍVEIS (1996/1995)

Figura A-14 — Histograma dos resíduos e teste de normalidade de Jarque-Bera, modelo (4.26), grupo G2

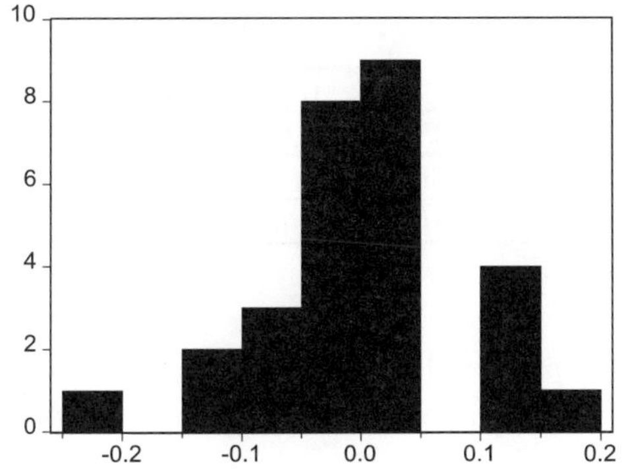

S	-0.164589
K	3.502583
Jarque-Bera	0.421105
valor-p	0.810136

Tabela A-51 — Teste de White sem termos cruzados, modelo (4.26), grupo G2

W	**10.5259**	*valor-p*		**0.395622**
Equação de Teste: **Variável Dependente: Resíduos ao Quadrado -** e^2 **Método: Mínimos Quadrados (OLS)** **Observações Incluídas: 28**				
Variável	**Coeficiente**	**Erro Padr.**	**Estat.-t**	***valor-p.***
a - Constante	-0.005259	0.010194	-0.515906	0.6126
A	0.052265	0.081058	0.644789	0.5277
A^2	-0.005771	0.125047	-0.046153	0.9637
RALL	-0.021402	0.261917	-0.081711	0.9358
RALL^2	0.238579	5.113.061	0.046661	0.9633
DivPag	4.25E-05	3.52E-05	1.205.024	0.2447
DivPag^2	-5.06E-10	4.18E-10	-1.211.014	0.2425
Cons	-0.001727	0.005321	-0.324518	0.7495
IndMec	-0.003687	0.003216	-1.146.435	0.2675
Met	0.009928	0.008630	1.150.324	0.2659
Tex	-0.004715	0.003426	-1.376.025	0.1867
R-quadrado	0.375927	Estatística F		1.024039
R-quadrado Ajustado	0.008825	*valor-p* (Estat. F)		0.463902

O teste de White com termos cruzados não pode ser realizado para este modelo, em razão do número insuficiente de observações para a estimação de todos os parâmetros.

Tabela A-52 — Teste de heterocedasticidade de Breusch-Pagan com diversas especificações alternativas, modelo (4.26), grupo G2

Equação de Teste: **Variável Dependente: Resíduos ao Quadrado -** e^2 **Observações Incluídas: 28**		
Variáveis Independentes	**BP**	***valor-p.***
1) Constante e A e A^2	**4.1986**	**0.1225**
2) Constante e *DivPag*	**0.4134**	**0.5203**
3) Constante e RALL	**0.0939**	**0.7593**
4) Constante, RALL, *Cons*, *IndMec*, *Met* e *Tex*	**3.5946**	**0.6091**
5) Constante, A e RALL	**3.5778**	**0.1671**
6) Constante, *Cons, IndMec*, *Met* e *Tex*	**3.3154**	**0.5065**

Tabela A-53 — Modelo (4.26) — Tolerância e VIF, grupo G2

Variável	Tolerância	VIF
A	.873	1.145
RALL	.938	1.066
DivPag	.878	1.139
Cons	.957	1.045
IndMec	.963	1.039
Met	.748	1.337
Tex	.929	1.076

Tabela A-54 — Modelo (4.26) — Número de condição, grupo G2

Dimensão do Modelo	λ	NC
1	2.688	1.000
2	1.267	1.456
3	1.041	1.607
4	1.001	1.639
5	.750	1.892
6	.712	1.943
7	.451	2.441
8	8.941E-02	5.483

Figura A-15 — Histograma dos resíduos e teste de normalidade de Jarque-Bera, modelo (4.27), grupo G2

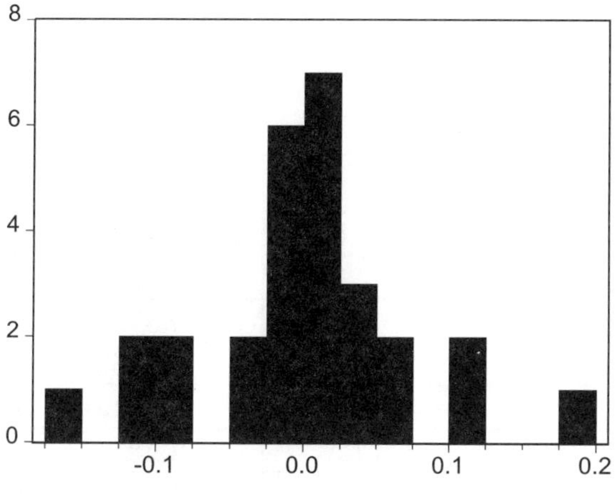

S	0.057240
K	3.764403
Jarque-Bera	0.696987
valor-p	0.705750

Tabela A-55 — Teste de White sem termos cruzados, modelo (4.27), grupo G2

W	7.991555	*valor-p*		0.714060
Equação de Teste: **Variável Dependente: Resíduos ao Quadrado -** e^2 **Método: Mínimos Quadrados (OLS)** **Observações Incluídas: 28**				
Variável	**Coeficiente**	**Erro Padr.**	**Estat.-t**	***valor-p.***
a - Constante	0.005458	0.006949	0.785384	0.4437
A	-0.065610	0.101070	-0.649149	0.5255
A^2	0.358745	0.390538	0.918593	0.3719
(A^2)^2	-1.021.003	0.875226	-1.166.559	0.2605
RALL	-0.217544	0.215987	-1.007.209	0.3288
RALL^2	-3.086.291	4.939.424	-0.624828	0.5409
DivPag	5.65E-05	2.84E-05	1.990.287	0.0639
DivPag^2	-6.73E-10	3.37E-10	-1.996.450	0.0632
Cons	-0.004658	0.004876	-0.955372	0.3536
IndMec	-0.004115	0.003620	-1.136.735	0.2724
Met	0.004143	0.005574	0.743266	0.4681
Tex	-0.005396	0.004224	-1.277.514	0.2196
R-quadrado	0.285413	Estatística F		0.580959
R-quadrado Ajustado	-0.205866	*valor-p* (Estat. F)		0.817733

O teste de White com termos cruzados não pode ser realizado para este modelo, em razão do número insuficiente de observações para a estimação de todos os parâmetros.

Tabela A-56 — Teste de heterocedasticidade de Breusch-Pagan com diversas especificações alternativas, modelo (4.27), grupo G2

Equação de Teste: **Variável Dependente: Resíduos ao Quadrado -**e^2 **Observações Incluídas: 30**		
Variáveis Independentes	**BP**	***valor-p.***
1) Constante e A	**0.1593**	**0.6898**
2) Constante, A e A^2	**0.3218**	**0.8514**
3) Constante e *DigPag*	**0.3728**	**0.5415**
4) Constante e RALL	**0.1857**	**0.6665**
5) Constante, RALL, *Cons* , *IndMec* , *Met* e *Tex*	**3.7590**	**0.7092**
6) Constante, *DivPag* , *Cons* , *IndMec* , *Met* e *Tex*	**3.2824**	**0.6565**
7) Constante, *Cons* , *IndMec* , *Met* e *Tex*	**2.3491**	**0.6718**

Tabela A-57 — Modelo (4.27) — Tolerância e VIF, grupo G2

Variável	Tolerância	VIF
A	.083	12.114
A^2	.084	11.904
RALL	.900	1.111
DivPag	.877	1.141
Cons	.957	1.045
IndMec	.956	1.046
Met	.726	1.377
Tex	.881	1.135

Tabela A-58 — Modelo (4.27) — Número de condição, grupo G2

Dimensão do Modelo	λ	NC
1	3.267	1.000
2	1.315	1.577
3	1.043	1.770
4	1.004	1.804
5	.865	1.943
6	.723	2.126
7	.567	2.400
8	.204	3.999
9	1.173E-02	16.693